贝伦森艺术史
Berenson's
History of Art

文艺复兴的意大利

威尼斯及北部画家

[美]伯纳德·贝伦森 著

李骁 译

上海书画出版社

我无法摆脱内心那顽固的声音，它一直在低语，有时还在嘶吼：
"你不该与博学之士竞争，也不该让自己成为那类模棱两可的'专家'，
你应当拓展并澄清与享受艺术作品有关的见解，这些见解属于你自己，
是你生命经验的喷发。"

——伯纳德·贝伦森

目录
CONTENTS

出版说明

Publication Notes

    伯纳德·贝伦森［Bernard Berenson，1865 年 6 月 26 日—1959 年 10 月 6 日］是研究意大利文艺复兴时期艺术最著名、最具影响力的鉴赏家之一，他为文艺复兴时期艺术藏品体系的建立和研究贡献了巨大的力量。

    贝伦森在立陶宛出生，后移居美国，于哈佛大学接受教育。在哈佛学习期间，他热衷于文学，并扩展了自己的语言知识。这段求学经历为他成为一位杰出的艺术史家、评论家和收藏家奠定了基础。贝伦森的妻子玛丽·科斯特洛 [Mary Costelloe] 也是一位艺术史学者，他们在 1907 年购买了伊·塔提别墅。1959 年 10 月 6 日贝伦森在伊·塔提别墅去世，之后这座住宅和他们的收藏品被捐赠给哈佛大学，现为贝伦森图书馆和哈佛大学意大利文艺复兴研究中心。

    贝伦森著述丰赡，随着《洛伦佐·洛托：论构建艺术批评》《佛罗伦萨画家素描集》《意大利艺术的研究与批评》《美国收藏的威尼斯绘画》《锡耶纳绘画研究文集》《方法三论》和《中世纪绘画研究》等一批专著的出版，贝伦森逐渐建立学术声誉，同时也奠定了他在艺术史研究领域的重要地位。其中《文艺复兴时期的意大利画家》是贝伦森最重要的作品之一，被誉为"四福音书"，一经出版即引起空前反响。《文艺复兴时期的意大利画家》分为四册，于不同时段写就出版：《威尼斯画家》1894 年首次出版发行，随后《佛罗伦萨画家》（1896）、《意大利中部画家》（1897）和《意大利北部画家》（1907）相继问世。在这部著作中，贝伦森首次提出并阐释了诸多重要美学概念和方法，成为人们理解和鉴定文艺复兴时期艺术的经典之作。

    本次翻译出版，系贝伦森专著的首部中译本，皆以英文版首版为底本，并参照了贝伦森相关著述予以若干修订，同时根据文意重新配入图版辅以阅读。中译工作得到了诸多业内学者的支持和帮助。希望通过本书，为中文读者打开更多有关艺术史阅读的视野，也希望贝伦森所提出的美学观念，可以为读者鉴赏艺术作品提供多角度的"观看方式"。

上海书画出版社

2025 年 1 月

中文版前言 I

乔纳森·K. 奈尔逊 ｜ 雪城大学佛罗伦萨分校授课教授
Jonathan K. Nelson ｜ 曾任哈佛大学意大利文艺复兴研究中心 [Villa I Tatti] 副主任

　　当伯纳德·贝伦森的《文艺复兴时期的意大利画家》四卷本在 1896 年至 1907 年间首次出版时，读者认为它们"非常合理地解释了普遍存在的偏好或信仰"。这是约翰·波普－亨尼西 [John Pope-Hennessy] 对这套书 1936 年版的评价，他还说："时间没有冲淡它们的新意，也没有降低它们的价值。"从 19 世纪末到 1959 年离世，贝伦森一直是研究意大利文艺复兴艺术的国际权威。贝伦森受人敬重，不仅因为他基于当时刚发展起来的鉴定"科学"，对画作归属作出判定，还因为他以非凡的技巧勾勒出从乔托 [Giotto] 到米开朗基罗 [Michelangelo] 的意大利艺术人物的基本品质。因此，读到贝伦森在 1915 年写给伊莎贝拉·斯图尔特·加德纳的一封信时，不免令人感到惊讶。加德纳曾赞助过贝伦森早年在欧洲的旅行，后来贝伦森还作为有偿顾问建议她买下如今在波士顿的宏伟藏品。贝伦森参观了一处重要的亚洲艺术收藏地之后，在信中写道："我多么希望我的人生是在起步阶段！我应该像对待意大利一样，全身心地投入到中国。"这不只是夸张，中国艺术对贝伦森的美学产生了深远却鲜为人知的影响。就在贝伦森撰写他最著名作品的那几年，他探索了东亚艺术和文艺复兴时期意大利艺术中精神性和线性的品质。这一跨文化主题随后被他的门生、日本学者矢代幸雄 [Yukio Yashiro] 在 1925 年出版的专著《桑德罗·波提切利》中加以发展。

　　1903 年，贝伦森一系列关于萨塞特 [Sassetta] 的圣方济各画作的代表性文章充分地表达了他对东亚艺术的观点。萨塞特是一位 15 世纪的锡耶纳画家，当时只被专家所知。贝伦森则将矛头指向了他研究的意大利文艺复兴时期的缺陷。

　　人物艺术是否能传达一种精神性的感觉？如果我们把注意力仅仅局限于欧洲艺术，那确实如此，因为我们的绘画表达显然无法从人的形象中得到更多英雄主义、宏伟、非凡——这些在根本上令人印象深刻的东西。但如果我们转向东方，会发现他们的赋形艺术 [arts of design] 确实传达了一种精神性的感觉。

贝伦森举的例子是《五百罗汉》[*Five Hundred Lohans*]，这是成系列的佛像挂轴，由周季常在 12 世纪末绘制，现藏于波士顿美术馆。正如贝伦森在一条注释中提到的，著名的亚洲艺术专家恩内斯特·费诺罗萨 [Ernest Fenollosa] 曾在 1894 年向他展示过这些作品。在他当年写给未来的妻子玛丽·科斯特罗的信中，贝伦森曾动情地讲述了这段经历：

> 费诺罗萨给我看了一系列 12 世纪的中国画，向我展现了一个新的世界。首先，画中的人物和群像构图极尽完美而简单，就像我们欧洲人曾竭力做到的……最令人惊讶的是，他们在全身心地悔悟，全是福音书段落或是圣弗朗西斯事迹中最温柔的特质：谦卑、爱、人性。我们欧洲人（曾以）"线条""色彩"和"色调"（接近）这一切，但从未做到。

贝伦森还讲述了日本绘画对他的影响远胜于他在欧洲所见的绘画，以及前者与弗拉·安吉利科 [Fra Angelico] 和安布罗乔·洛伦泽蒂 [Ambrogio Lorenzetti] 作品的相似之处。在 1892 年贝伦森写给他的妹妹森达的一封信中，讲述了他撇开主题，在文艺复兴、日本或现代艺术中寻找美学品质的过程。无论是图像学还是对绘制作品的文化的理解，对他来说都不重要，重要的是观者对艺术家视觉表达的敏感度。

> 对我来说，素描中线条的特性、爆发力 [force]、决断（力）[decision] 意味着一切。同样的爆发力、活力和决断（力）加上对整体的快速感知，也就是色调，是我对色彩的全部要求……我愿意欣赏任何有质感的画面，无论是乔托、葛饰北斋 [Hokusai] 还是德加 [Degas]。

贝伦森在第一篇艺术史文章中也提出了类似的观点，他还提到了波士顿的一批中国画，当时归于李公麟名下。这篇评论写于 1896 年，关于波提切利 [Botticelli] 为但丁的《神曲》绘制的插图本，在当时，波提切利作为文艺复兴的典范名声大噪，贝伦森对这位艺术家的看法却极具挑衅。"作为一名绘画者，他的真实位置不是在伟大的欧洲人中间，而是在伟大的中国人和日本人中间，与李龙眠、铃木春信 [Harunobu] 和葛饰北斋并列。和这些人一样，他是线描艺术的绝顶高手。"贝伦森在他的《佛罗伦萨画家素描集》（1903）中几乎一字不差地重复了这段话。1896 年，他在《文艺复兴时期的意大利画家》第二卷《佛罗伦萨画家》中又拓展了这个观点。谈到波提切利时，贝伦森称赞他的线条不是为了再现自然，而是要描绘运动。"那么，这种线条作为运动的典范，如所有艺术中的本质要素，有着刺激我们想象力以及直接传达生命的力量……在这门艺术中，桑德罗·波提切利或许在日本或东方的其他国度有旗鼓相当者，但在欧洲永远没有。"

贝伦森在 1903 年关于萨塞特的文章中，将这一观点向前推进了一大步，他认为西方艺术的根本局限是"几乎无法克服只是抄录事实的倾向，它的本质是不遗余力地实现物体的物质意义，特别是人的裸体，这是它的主要表达工具。我们的艺术很早就发现，相比借助线条，通过造型能更稳妥地实现这种最珍贵的努力……因此，佛教艺术比基督教艺术在宗教表达方面有巨大优势的诸多原因中，我们必须正视一个事实，即中国—日本的赋形几乎完全是一种轮廓艺术，具有运动价值 [values of movement] 和以它自己的方式而非我们的空间构图 [space-composition]"。

多年来，贝伦森将他在大量文艺复兴艺术中发现的对真实性的追求与他在德加和东亚绘画中所推崇的形式特质进行了对比。现在看来，完全陌生的中国画的强大影响使贝伦森有了新的思考。这些作品的平面性，以及对轮廓和运动的强调，使得东方的艺术家以及西方的艺术家，在极少数情况下，能够传达出一种对精神上的感觉。

这种探究，以及他对东亚艺术的欣赏，也反映在伊·塔提别墅收藏的少量但精致的中国绘画和雕塑中，还有助于解释为什么贝伦森在他的别墅里欢迎年轻的日本学者矢代幸雄。矢代幸雄拜访时带着大英博物馆亚洲艺术专家劳伦斯·宾雍 [Laurence Binyon] 的介绍信，信中写道，他的日本朋友"来到欧洲研究欧洲艺术，但并没有背弃自己"。矢代幸雄在贝伦森的指导下在伊·塔提学习，后来又赴伦敦学习，1925 年他拿出了三卷本的波提切利研究报告，成绩斐然。

将近半个世纪后，矢代幸雄在 1972 年的自传中讲道，贝伦森听说他的门生计划出版专著时，曾建议他"出一本小书……因为没有人想从日本人那里了解波提切利"。矢代幸雄想"我真该死"，于是决定"在欧洲出版一本关于波提切利的宏大、全面的著作"。他肯定意识到，这将是亚洲学者为西方艺术家撰写的第一本大型英文专著。矢代幸雄接受了一个雄心勃勃的计划：挑战西方最权威的日本艺术史家冈仓天心 [Okakura] 的世界艺术方法。《东方的理想》是冈仓天心最具争议和影响力的著作，首次出版于 1903 年，而且只有英文版，但矢代幸雄肯定知道该书曾于 1920 年在伦敦再版，而且可能听说过有些章节在当时被翻译成了日文。在《桑德罗·波提切利》的导言中，矢代幸雄大胆地对冈仓说：

> 他对《东方的理想》的所有研究与西方形成了鲜明的对比，我知道日本的许多年轻学者也在遵循同样的想法……一般说来，东方作家持有截然不同的观点，认为西方艺术是物质福祉的巅峰，东方艺术是精神福祉的巅峰。

20 世纪初，当西方许多人担心东亚威胁时，冈仓却采取了论战的立场，将欧洲文明的冲击视为亚洲的"白色灾难"。冈仓死后，他的一些观点被追随者歪曲和放大，为日本泛亚主义提供了思想基础。日本展开了一场围绕西方价值观的文化战争，这场战争在 20 世纪 20 年代有着出人意料的重要性，矢代幸雄则希望与他认为的冈仓及其追随者的观点保持距离。与冈仓强大的亚洲一体形象形成鲜明对比的是，矢代幸雄写道："东方和西方在文字上对立，在现实中，是否存在如此根本的差异？……抛开地理差别，艺术具有普适性。"

贝伦森和东亚绘画与版画的首次接触，帮助他在年轻时厘清了对西方艺术的看法，并寻求超越地域界限的品质，三十年后，他的门生也走上了类似的道路。矢代幸雄的《桑德罗·波提切利》代表了对抗日本泛亚主义文化基础的努力。波提切利之所以适用于这个目标，是因为相比其他任何一位西方艺术家，他更能揭示出一些学者认为的主要与亚洲艺术相关的精神品质。出于同样的原因，矢代幸雄对他归结于前导师的观点提出了尖锐的异议。"根据贝伦森先生的思路，在波提切利的艺术中，人们能感受到一种精神元素，类似于东方艺术的诗意或神秘属性。"这段被忽略的文字，让我们深入了解到贝伦森在 20 世纪 20 年代的观点。矢代幸雄肯定知道，这与贝伦森在 1896 年的著作中对波提切利的描述发生了重大的改变，"在他最辉煌的岁月里，他把一切抛在脑后，甚至把精神意义都置之不顾，只为再现那些在画面中能直接传达生命 [life-communicating] 和提升生命 [life-enhancing] 的品质"。矢代幸雄并没有追随将神秘属性与亚洲艺术联系在一起的贝伦森和更早的作家，也对东方影响了早期文艺复兴的旧观念提出质疑。相反，他关注的是"东方和西方的理想在他的天赋中自发地汇合"。对矢代幸雄来说，或许对贝伦森来说，波提切利体现了"艺术的普适性"[the universality of art]。

我们在贝伦森写于二战期间（1940 年）的一封信中读到了这样的内容。"你，我亲爱的矢代幸雄，是艺术之城的自由人之一，对我们来说（我敢说包括我自己在内），所有的艺术都属于一个整体。没有意大利的，没有欧洲的，没有亚洲的，没有中国的艺术，有的是不同气候和地区的艺术。作为艺术，重要的是它的统一性和普适性，而不是说明性的差异。"

两位学者都认为，在全球任何一个地方产生的艺术都可以与各地敏感的观众交流。但如果是文本呢？这个问题特别适合抛给《文艺复兴时期的意大利画家》首版中译本的读者们。贝伦森本人在 1951 年 11 月为他的自传《自画像速写》日译本写的序言中也谈到了这个问题。他指出，"翻译的困难不是在另一种语言中找到语义的对应词"，而在于这些短语连带的文化联想。尽管如此，他最后还是希望自己的书能达到"这样一种自觉，即世界各地受过良好教育和培训的人，不分种族、国籍和传统，都能作为人性化的（他对文明的称呼）人而相遇。我自己不也享受过日本和中国经典的翻译吗？"

我相信，这些话不仅反映了贝伦森与东亚读者交流的强烈愿望，也反映了他在 1951 年 4 月收到的一封来自陈世骧的信。这位著名的文学教授曾来伊·塔提研究贝伦森收藏的《山庄图》，这是已经佚失的李龙眠原作的摹本之一，画中题有宋代诗人苏辙的短诗。在给贝伦森寄去译本时，陈先生解释道："我尽可能忠实于原作，虽然我确信我没有充分体现原文的微妙之美……但是我希望，不顺畅的真实能具有一些弥补性的优点，而不仅仅是流畅的语言。"

虽然贝伦森和陈先生一样，承认翻译有明显的局限性，但他们也认识到翻译的巨大优点。贝伦森在 1956 年写下那篇重要的备忘录《论伊·塔提的未来》时，一定想到了像矢代幸雄和陈世骧这样的东亚学者。贝伦森设想开辟一个研究中心，让来自北美、欧洲和"远东"的有天赋的个人聚集在一起，"他们有自己的民族传统，不同的态度和方法"。尽管《文艺复兴时期的意大利画家》中所表达的喜好和信仰已不再具有普适性，但这些重要卷册的翻译将促进作者所倡导的思想的自由交流。

参考文献：

有关贝伦森与亚洲艺术，参见 Robert E.Harrist, Jr., "So mysteriously close: East Asian art in the early writings of Bernard Berenson, ca.1894–1903", *Inventing Asia: American Perspectives around 1900*, eds. Noriko Murai and Alan Chong (Boston 2014), pp. 7–37。

有关贝伦森与陈世骧的交往，参见 Lino Pertile, "Letter from Florence", *Villa I Tatti* [newsletter], vol. 32 (Autumn 2012), pp.1, 3。

有关矢代幸雄，参见 Jonathan K. Nelson, "'A Japanese Critic on Botticelli': Fragmentation and Universality in Yashiro's 1925 Monograph", in *Botticelli: Past and Present*, eds. Ana Debenedetti and Caroline Elam (London 2018), pp. 203–217 和 *Yashiro and Berenson. Art History between Japan and Italy*, ed. Jonathan K. Nelson, http://yashiro.itatti.harvard.edu/。

中文版前言 II

 曾四凯 | 中国美术学院博士，贝伦森艺术理论研究者

伯纳德·贝伦森是 19 世纪末、20 世纪初最具影响力的鉴定大师，他的一生都与意大利文艺复兴时期的绘画鉴定紧密地联系在一起，他留下的学术著作和鉴定成就、他参与创建的加德纳博物馆以及哈佛大学意大利文艺复兴研究中心，都让我们领略到他非同凡响的艺术鉴赏力。

成书过程

伯纳德·贝伦森最重要的学术著作，基本上都是在 40 岁之前完成的。他于 1894 年出版了《文艺复兴时期的威尼斯画家》，这是他出版的第一本专著，紧接着，他又相继出版了其他三本：1896 年出版的《佛罗伦萨画家》、1897 年出版的《意大利中部画家》、1907 年出版的《意大利北部画家》。在这四部著作中，伯纳德·贝伦森的美学观念得到了充分的阐述。不过，贝伦森美学理论的核心主要囊括于《佛罗伦萨画家》和《意大利中部画家》这两册书当中。然而，这四本书通常都被认为是一个不可分割的整体，被专家们亲切地称为"四福音书"，并且这四本著作也为贝伦森带来了国际性的声誉。在 19 世纪末，正是由于贝伦森的这一系列著述，他日益为世人所熟知，声名鹊起。

在《威尼斯画家》这本书中，贝伦森大胆地列出了 34 位艺术家的名单，贝伦森认为他们构成了威尼斯画派，并且试图准确地鉴定出他们所有的传世作品。他以自己列出的这份名录向这一领域的权威发起了挑战。贝伦森试图给这个领域设定新的严格标准，他认为"权威"们当年的写作环境很恶劣，当时的旅行速度比自己所处的时代缓慢得多，而当时的摄影术还不足以有效地辅助他们进行科学的鉴定。贝伦森认为，鉴定绘画作品如今已经变成像"精确的科学一样"，这在很大程度上应该感谢摄影术，他们能够把散落在欧洲各地的绘画作品进行最精确的复制。贝伦森强调说，除了少数收藏于圣彼得堡的画作之外，对于自己书中讨论的所有画作，他都有过直接的观看体验。《威尼斯画家》一书促进了对文艺复兴艺术的研究，并且引起人们对这一领域的重视。通过对绘画作品剔芜存精的筛选过程，贝伦森给予收藏者对艺术品市场新的信心，让他们能够发现文艺复兴

时期的绘画真品；并且通过减少威尼斯画派存世珍品的数量，他也成功地提升了那部分绘画珍品的价值。这本书也迅速地让贝伦森成为意大利文艺复兴艺术研究的专家，并且成为美国的第一位"鉴定家"。

1896年，贝伦森又一部重要的作品《佛罗伦萨画家》问世，这本著作给艺术史的学生们引进了"触觉值" [tactile values] 的概念以及艺术"增强生命力" [life-enhancement] 的功能，这个美学理论在书中介绍乔托和马萨乔的内容中出现，之后马上成为一个时代的流行语。贝伦森受威廉·詹姆斯的《心理学原则》一书的启发，解决了美学研究的一大难题，也就是从心理学而非哲学层面来解释我们对艺术之美的快乐体验。

贝伦森认为佛罗伦萨画家，从乔托到米开朗基罗的画都具备这样一种美，观者能够在二维平面里得到三维空间的体验，使观者的视觉效果可以延展出一种类似触觉的感受。佛罗伦萨画家不像威尼斯画家那样重视色彩，因而他们的成功就在于他们刺激观者的"触觉想象" [tactile imagination] 的能力特别出色。通过对艺术审美的分析，贝伦森认为"触觉值"是绘画所特有的艺术美感。

尽管学术界对此书褒贬不一，但是1896年夏天，当贝伦森和玛丽到德国的美术馆参观时，却不时看到艺术专业的年轻学生揣着这本书作为观赏名画的指导手册，他们为此深感自豪。

到了1897年，贝伦森又出版了《意大利中部画家》，书中高度赞扬拉斐尔画作的构图水平，提出了"空间构图" [space-composition] 这一概念，并继续深化"触觉值"的概念，威廉·詹姆斯读过该书后盛赞自己的学生。这本书虽然在欧洲引起不少争议，但在美国却大受好评。

《意大利北部画家》从一开始创作就进入瓶颈，写作进展相当缓慢。为了完成这本书，贝伦森经常需要进行实地考察，以便编订这本书详细的画家目录和清单。

1905年2月，贝伦森开始挣扎着写作有关安德烈·曼泰尼亚 [Andrea Mantegna]（1431—1506）的部分，他是《意大利北部画家》中最早同时也是最主要的人物之一。正是在这段时间，贝伦森身体开始变得异常虚弱，严重消化不良的症状又再度发作。"何苦为了一本书而这样费尽心力，呕心沥血呢？"这对他来说似乎变成一种特别痛苦的煎熬。

在《意大利北部画家》一书中，贝伦森应用了诸如触觉值、空间构图、动作，以及微妙的视觉感受等标准，可事实证明这是令人感到相当困惑的任务，尤其是这一系列著述的最后一部分收录的画家名单里包含的伟大画家较少，贝伦森本人则认为文艺复兴时期意大利北部画家相对而言略显逊色，在某些方面达不到伟大画家的标准。

当他开始剖析文艺复兴时期意大利北部某一位艺术家的优点时，时常发现他的天赋总会被他在另一方面的缺点所遮盖，因此够不上"天才式"艺术家的标准。这样的困扰反复出现。因此，在贝伦森看来，即使是柯勒乔 [Correggio]（1489？—1534）也远远不如"拉斐尔、米开朗基罗、乔尔乔内和提香"，他总体的艺术成就也远在他们之下。

在一系列文艺复兴画家的研究著作问世之后，贝伦森的研究活动受到了维克霍夫（1853—1909）的关注，认为他的著作像卡瓦尔卡塞莱一样优秀。1930年，这四本书汇集成一部出版，题为《文艺复兴时期的意大利画家》，成为20世纪意大利文艺复兴美术史的权威著作。这部著作从此成为世界各大图书馆的必藏书目。不过，根据肯尼思·克拉克在自己的传记《自画像：另一半》一书的说法，刚开始，由于牛津大学的克拉伦登出版社对这些书不够重视，排版和印刷都很糟糕，因此，贝伦森的这一本著作《文艺复兴时期的意大利画家》销量异常惨淡。然而，后来他在费顿出版社工作的一位朋友霍洛维茨从克拉伦登出版社购回版权，重新排版，并配上精美的插图，匠心独运。之后，销量陡然上升，曾在数周之内售出 60，000 册。大有洛阳纸贵之势，立即成为这一领域最权威、同时也是最畅销的著作。

美学理论

在近现代的美术史家当中，伯纳德·贝伦森的艺术鉴赏理论应该算是相当具有原创性的，例如，他提出的"触觉值""触觉想象力""增强生命力""空间构图"等一系列美学概念都具有较为深远的影响。他提出的这一系列重要的美学概念，也大大地丰富了美学语言。尽管按照贝伦森的同学桑塔耶纳的说法："贝伦森相当缺乏系统性思维的能力。"但是他却尝试着通过拓展美学概念来帮助我们理解和掌握艺术现象的无限性。

贝伦森认为判断艺术作品杰出与否的一个重要标准，在于它是否具有"触觉值"，这也是贝伦森提出来的一个很重要的美学概念。

1. 触觉值、触觉想象力

伯纳德·贝伦森在《佛罗伦萨画家》一书中第一次提出了自己这个原创性的美学概念："触觉值"，这是贝伦森美学理论中一个非常重要的概念。他认为画家只有成功地给视网膜留下有触觉价值的印象，才算顺利完成自己的任务。

如今，绘画成为一门这样的艺术，它旨在仅凭二维平面便营造出艺术真实的永恒印象。因此，画家必须有意识地构建起自己的三维空间，正如我们所有观者都在无意识中做的一样。只有成功地做到给视网膜留下有触觉价值的印象，他才算顺利地完成自己的任务。因此，如果一件艺术品想要做到让我信以为真，并且对我产生持久的影响力，那么画家的第一要务，在于唤起观者的触觉，就要能够造成这样一种错觉，仿佛我能触碰到它，就如同我的掌心和手指都拥有不同的肌觉 [muscular sensations]，正好与画中这个人物（或事物）各个凸起的部分一一对应。

伯纳德·贝伦森在《佛罗伦萨画家》一书中提出这个重要的美学概念，他在这本书中革命性地提出了观者在欣赏杰出的画作时可能会产生的一系列身体反应，虽然只是寥寥数语，却很形象生动地阐释了这个美学概念。

贝伦森提出这样一个具有重要意义的美学概念，应该受到过奥地利艺术史家阿洛伊斯·李格尔著作的影响，如《风格问题》和《罗马晚期的工艺美术》，同时在很大程度上也受到当时盛行的"审美的移情说"[empathy] 的影响。什么是"审美的移情说"呢？简单地说："它就是人在观察外界事物时，设身处在事物的境地，把原来没有生命的东西看成有生命的东西，仿佛它也有感觉、思想、情感、意志和活动，同时，人自己也受到对事物的这种错觉的影响，多少和事物发生同情和共鸣。"在东方，日本佛教学者铃木大拙（1870—1966）在他的《禅的无意识与艺术》一文中也写道："只是看是不够的。艺术家必须进入物体之内，从里面去感觉它，并亲身体验它的生活。"这两者之间颇有几分相似的意味。

贝伦森一直在思考着是什么使得美术作品有别于文学或音乐作品？欣赏绘画作品得到的这种愉悦感的真正根源是什么？由于单凭视觉并不能让我们准确地感受到三维空间，因此，这种感觉必须借助于观赏者的身体反应和触觉才能获得，只有通过肌肉感受动作才能得到。因此，画家如果想要在二维的平面里描绘出三维空间，他就必须给视网膜留下有触觉价值的印象才能获得这种效果。

尽管伯纳德·贝伦森在描述"触觉值"这个美学概念时所用的篇幅并不长，但是它在当时却引起了相当大的轰动。据报道：自从伯纳德·贝伦森提出"触觉值"这个理论之后，每一个走进博物馆看画的观众都开始期盼着自己的手指和掌心中能够产生贝伦森所说的那种奇妙的反应。

自从贝伦森提出了"触觉值"理论之后，他就拥有了一套非常行之有效的美学语言，可以用于分析文艺复兴时期佛罗伦萨画派的优劣之处。他认为佛罗伦萨画家在唤起观者的触觉想象方面的能力最强。

恩斯特·贡布里希在他的著作《艺术与错觉》一书中对伯纳德·贝伦森的美学概念"触觉值"做出如下评述：

> 伯纳德·贝伦森在 1896 年出版的论述佛罗伦萨画家的才华横溢的著作中，按照希尔德·布兰德的分析方式系统地阐述了他的美学信条。他以自己长于含蓄措辞的天赋，几乎把那位雕刻家的略显浮华的一整本书总结成这么一句话："画家只有给视网膜留下

有触觉价值的印象才算是完成任务。"对于贝伦森来说，乔托或者波拉约洛值得我们注意之处是，他们恰恰做到了这一点。跟希尔德·布兰德一样，他也是更关心美学，而不是关心历史。

贝伦森认为佛罗伦萨画派的绘画作品在唤起观者触觉想象的能力方面甚至比我们见到真实事物时的感觉还要强烈。不仅仅绘画作品能够产生贝伦森所说的这种"触觉值"，雕塑作品同样也可以产生"触觉值"，例如贝伦森收藏的一些中国古代的佛教雕塑艺术品，尽管贝伦森的太太玛丽觉得它们外表狰狞，但是连她也不得不承认它们产生的"触觉值"确实非常强烈。

有趣的是，贝伦森认为他所见过的触觉值最强的事物是他经常去散步的山上看到的一棵树，他认为这棵树的"触觉值"特别强烈。贝伦森曾经带着肯尼思·克拉克一同前往参观和欣赏这棵树。克拉克认为贝伦森的每一本著作，都应该在扉页中最醒目的位置印上这棵树的形象，这样可以让人们更加直观地体会到贝伦森所说的"触觉值"。不过，令人倍感遗憾的是，随着贝伦森离开人世之后，肯尼思·克拉克再也找不到他经常去朝圣般仰望的那棵"触觉值"很强烈的树了。

伯纳德·贝伦森总是不遗余力地颂扬那些达到他所倡导的美学理想的艺术家，例如乔托、马萨乔、米开朗基罗以及委拉斯贵兹 [Velazquez] 等人，他深刻地感受着他们的艺术世界，认为这些伟大画家的许多作品都能够激发最强烈的触觉想象力。

贝伦森认为委拉斯贵兹的《布列达的投降》[The Surrender of Breda] 是一幅具有强烈触觉值的画作。他参观西班牙普拉多美术馆的时候，曾经在这幅画前面驻足了数个小时，深深为它着迷。他认为这幅画或许是表现某一个特定的历史场景最著名的作品，当然也是表现得最好的作品之一。

2. 提升生命价值

此外，贝伦森还提出一个与"触觉值"紧密相关的概念——"艺术提升生命"，这应该有点类似于精神上的"升华"或者相当于"增强生命力"。贝伦森提出这个美学概念在很大程度上是受到尼采的影响，他认为尼采的著作《悲剧的诞生》[Birth of Tragedy] 从心理学的角度出发为美学提供了一种最佳的思维方式，并且尼采的价值就在于"他憎恶一切有损于生命的事物，正如同他热爱一切有益于生命的事物一样"。在写作《意大利北部画家》及随后"艺术的衰落"等部分以及《视觉艺术中的美学与历史》一书时，贝伦森对这个概念加以发展，并且作出如下的解释：

"提升生命价值"指的是在想象中，将我们与作品中的人物、行为、状态融为一体，从而使我们获得希望，增强活力。

贝伦森美学理论中的"触觉价值"与"艺术提升生命"这两个概念之间密切关联，艺术品不可能只具有其中一个品质，而缺少另一项品质，两者缺一不可。其实，就是为了使"艺术提升生命"这个概念落到实处，贝伦森才提出了"触觉值"这个概念，他认为这种价值能够激发观者的触觉想象力，可以让我们感受到作品的形状、重量以及张力，最终与艺术品及其创作者之间近距离接触。

贝伦森认为乔托是自从古典时期以来第一个在自己的绘画作品中展现出这些美学特征的画家，他认为文艺复兴时期佛罗伦萨著名画家的作品中往往都能够突出地表现这些美学特征，它们可以达到使人的生命体验得以升华的效果。

"提升生命"这个概念比较抽象，它是一个相当模糊而令人难以捉摸的美学术语，一般人通常很难理解。根据贝伦森的理论，如果一件艺术品要做到"提升生命"，它就应当全方位地吸引和影响人们，包括他们的神经和感官。

此外，与"艺术提升生命"紧密相关的概念是"增强生命力"和"减损生命力"这一对概念。贝伦森就曾把自己晚年前往北非和西亚的"朝圣之旅"称为一次"提升生命"的美好经历。

3. 空间构图

伯纳德·贝伦森在《意大利中部画家》一书中，提出了"空间构图"这一概念，他认为翁布里亚画派为空间构图所支配，就如同佛罗伦萨画家的作品具有强烈的"触觉值"一样，这种空间构图能够在观者眼里激发形式和运动的"观念化感觉"[ideated sensations]。

另外，在同一部著作当中，贝伦森把锡耶纳画派分为装饰画家和插图画家，在他的美学理论中，他使用了"装饰"[decoration] 和"插图" [illustration] [1]来区分艺术的形式 [form] 和内容 [content]，他在此处的用法与当代美学批评术语不一致之处，值得我们注意，否则很容易产生误解。

伯纳德·贝伦森在自己的著作中提出一系列独特的美学概念，极大地丰富了美学语言。

从诸多方面来看，"四福音书"是贝伦森最杰出的作品，这一系列著述在其出版后的一百多年里，几乎没怎么改动过，内容基本上还是保持原貌。这部《文艺复兴时期的意大利画家》几乎成为世界各大图书馆的必藏书目，它发挥着巨大的影响力，重塑广大艺术研究者看待文艺复兴绘画艺术的审美眼光，也让人们重新认识到文艺复兴艺术的伟大成就，这也是为什么在这一系列书目出版之后不久，美国和欧洲财力雄厚的各大博物馆再度把目光转向文艺复兴绘画名作的收藏，掀起另一轮热潮。

---

[1]　正文译为"图解"。（编者注）

1952 年英文版前言

Preface to The 1952 Edition

许多人在观看绘画时不知着眼于何物。他们常被要求去欣赏虚假的艺术品，且所知甚少，以至于无法像《安徒生童话》中的孩子一样说："看，那个皇帝明明什么都没有穿呀。"

公众隐约感到，自己未被滋养，而是有可能被欺骗，或是取笑了。

这就好比他们熟悉的食物供应被突然中断了，并被告知要吃完全陌生的菜肴，不仅口味怪异，甚或还有食物中毒的预兆。

在长期的经验之中，人类已经熟知可以作为食物的旷野之兽、天空中的飞禽、爬行动物、鱼类以及蔬菜瓜果。在数千年的进程中，人们也学会了如何烹制这些食物以厚待嗅觉与唇齿，使之美味可口。

在岁月的流逝里，我们中的一部分人以相同的方式知晓了什么样的绘画、雕塑、建筑可以滋养精神。

对待所见之物的态度如同对待所食之物一般凿凿的，为数寥寥。

正如我们所有人业已熟知最好的食物是什么一样，其中一部分人便认为我们已经知道最好的艺术是什么了。

一个深信其标准工作餐食物的人或许会因为改变而享受高品质烹调，这也有可能是出于好奇，但他总是会回归到自己以之成长的菜肴，如我们美国人所谓的"妈妈的味道"之中。

艺术缺少如食物般的迫切需求，教授孩童观看什么也并不像教他们吃什么那样。除非他们成长在一个有品位且富有的家庭之中，否则他们便不可能如我们所谓在学习语言时一般潜移默化地养成对视觉艺术的感受。而孩童学习词语与说话则是在他们知晓自己所用工具为何之前。之后，他们在学校里便受到教育要将语言作为一门艺术、一门用作沟通的说话与写作方式来练习与欣赏，主要则是通过阅读一流作家递进式的文学作品，以及学习如何理解、鉴赏与欣赏它们来完成。好恶的习惯则以那种方式深嵌于意识之中。它们借由生活指导我们面对还未归类、还未被奉为神圣的事物，并引导我们辨别什么事物是有或无价值的，是令人愉悦或值得努力去理解与欣赏的。它们终结于带给我们接近文学作品先前可能性的感受。

为什么我们不应该同样地为了视觉艺术而尝试把这般习惯植入进孩子们的思想中呢？

遗憾的是，绘画的印刷（可以这么说）无法精确如绘制一般，不可能像作家的手抄本那样不失原作的品质。绘画的复制仍是权宜之计，且可能在很长一段时间内都是如此，即使精确且令人满意的彩色复制品成为现实。构图的尺幅必然会影响其品质，色彩则依附于它背后之物上面。诚然，同一种色彩在木材、石板、大理石或铜料上的呈现效果会各不相同，在不同织物上涂抹的呈现亦会有所差异，正如粗粝的帆布或上好的亚麻布这般实例所示。

因此总的来说（不顾今日对彩色复制品如孩童般的渴求，无论它是多么粗制），脱胎于留存影调与神采的照片的黑色与白色带来了原作最令人满意的图像。

心怀这样的信念，以及提供案例以培养眼睛与将眼睛当作工具使用的理想，这一版本的《文艺复兴时期的意大利画家》提供了 400 幅插图，囊括了开始于 1300 年左右终结于 1600 年这三百年间意大利绘画艺术的所有阶段。

例如，拜占庭阶段的代表是其风格于四海之内最伟大且最完美的大师，即杜乔 [Duccio]。坚实且是朴素触觉式的罗马风格的代表则是乔托这位最富有创造力且最成功的大师，以及他最为优秀的追随者安德烈·奥卡尼亚 [Andrea Orcagna] 和纳尔多·迪·乔内 [Nardo di Cione]。

15 世纪紧随而至，马索利诺 [Masolino] 与马萨乔 [Masaccio] 开始努力将绘画从哥特式堕落且生硬的矫揉造作中解放。马萨乔是复活的乔托，凭借人物恰当的形体、姿态和群像，甚至提升了高贵、责任与灵性的表现力。马萨乔早逝后，佛罗伦萨绘画受惠于伟大的雕塑家多纳泰罗 [Donatello] 和吉贝尔蒂 [Ghiberti]，在如弗拉·安杰利科、弗拉·菲利波·利皮 [Fra Filippo Lippi]、波拉约洛 [Pollaiuolo]、波提切利和莱奥纳多·达·芬奇 [Leonardo] 这般艺术家的培植下，在米开朗基罗、安德烈·德尔·萨尔托 [Andrea del Sarto] 和紧随其后的蓬托尔莫 [Pontormo] 及布隆奇诺 [Bronzino] 那里达到巅峰。直到那时，佛罗伦萨人不仅恢复了古希腊人所珍视的对裸像必不可少的精通，而且在风景画上超越了他们，这得益于他们对光影与透视更好的理解。

他们将这些成就传递至威尼斯及意大利的其他地方，尤其是威尼斯以及之后的法国与西班牙。

威尼斯和翁布里亚有足够的天赋利用佛罗伦萨的馈赠。他们可以丢弃佛罗伦萨画家太过虔诚或骄傲而未舍弃的脚手架，在其最为灿烂的最佳状态下诞下佩鲁吉诺 [Perugino] 与拉斐尔 [Raphael]，以及乔尔乔内 [Giorgione]、提香 [Titian] 和丁托列托 [Tintoretto]，他们皆以其魔力与色彩在庄重堂皇的环境与浪漫绮丽的风光中放置人物时表现出形式与欢愉的美景。

除了保罗·委罗内塞 [Paolo Veronese]（诚然，他来自维罗纳，终于威尼斯，并与提香和丁托列托这两个对手一样属于威尼斯画派），意大利北部仅诞生了一位最高水平的画家，即帕多瓦的安德烈·曼泰尼亚，米兰必然有福帕 [Foppa]、博尔戈尼奥内 [Borgognone] 和卢伊尼 [Luini]，其中卢伊尼被罗斯金视为意大利最具表现力且最令人信服的宗教画家。如今，我们更关心费拉雷塞 [the Ferrarese]、图拉 [Tura]、科萨 [Cossa] 和埃尔科莱·罗贝蒂 [Ercole Robertti] 的活力、热烈与想象力。他们充分施展了从多纳泰罗、弗拉·菲利波、安德烈·曼泰尼亚以及皮耶罗·德拉·弗朗切斯卡 [Piero della Francesca] 那里获得的东西。

在我们所涉及的这几个世纪间，意大利南部没有一位值得讨论的画家。西西里倒是有一名，安东内洛·达·墨西拿 [Antonello da Messina]，此人尚可称道的只有先后同佩特鲁斯·克里司图斯 [Petrus Christus] 及乔凡尼·贝利尼 [Giovanni Bellini] 往来的经历，后者是 15 世纪威尼斯画家中最具创造力且最迷人的。

视觉语言如口语一般改变巨大。直到接近 1300 年，理解我们祖先所说的撒克逊语还需审慎的训练。在意大利绘画中那个阶段对应于奇马布埃与杜乔，以及他们最紧密的追随者。

学会理解他们确实耗费精力。14 世纪末乔叟出现，我们对他的理解要轻松于对 15 世纪乔托、西蒙·马提尼及其后继者的理解。在那个及之后的世纪里，在拉丁文化各种各样的冲击下，我们的祖先向着接近我们的说话方式努力奋斗，在此奋斗进程中涌现了马洛、莎士比亚、西德尼、弥尔顿、但恩、赫伯特和赫里克，还有一大批籍籍无名的诗人，就像相同时期的意大利拥有弗拉·安杰利科、多梅尼科·韦内齐亚诺、马萨乔、弗拉·菲利波、波拉约洛、曼泰尼亚和贝利尼家族、波提切利、莱奥纳多及米开朗基罗一般。我们与德莱顿、艾迪生和蒲柏一道来到了通用英语的领域，而与提香、委罗内塞、洛托 [Lotto] 和丁托列托一道抵达了它们的视觉对应物之中。

幸运的是，视觉语言相较口语更易习得。比起盎格鲁－萨克逊语，甚或是中世纪的英语作家，人们学习理解乔托和奇马布埃会更为轻松且耗时更短。

如果我们期盼读者于最陌生而非最熟悉的事物开始观看，就像文学的情况一样，那么便不会要求他太多。

我不是一位勤勉阅读自己文章的读者。距离上一次从头至尾精读《文艺复兴时期的意大利画家》已过数十年。此刻在浏览这部作品的过程中，我已尝试如对待这个主题下的其他书册一般对待它。

总而言之，它似乎依旧实现了其目标。它没有尝试去阐述画家的家庭生活或独特技巧，而是说明了他们的绘画作为艺术作品之于我们当下的意义，以及它们作为愈发提升的当代生命活动能够为我们做些什么。本书可以帮助读者理解复制品讲述的故事，并可以使其发问在观看它们并试图说明享受视觉艺术作品——在此案例中，即意大利文艺复兴绘画——的反应时，他有何感受。

不论时空与艺术家，艺术的品质始终永葆如初。然而，我们对它的感受却受限于时空与艺术家的个性。熟知这些限制因素是欣赏与理解艺术作品所必需的。我们生来便抑止不住对事物根源与归依的发问，当我们不仅知晓它就其本身而言本质为何物，而且知道它从何而来又将通往何处时，才会对客体理解更多。

相较于观看绘画，不应浪费过多的时间在阅读其描述之上。在对艺术作品的享受、欣赏与理解层面，阅读裨益无多。知道艺术家的出生年月与地点，以及哪位前辈艺术家塑造并激发了他，也就足够了，甚至鲜少关乎将墨水笔、铅笔与刷子放在他手中的大师或老师。阅读一些形而上学与精神分析的文章更是收效甚微。若是一定要读些什么，绘画所属时期、地方的文学与历史即可。

我们必须一再观看，直至寄身于画中，并在转瞬间与之合而为一。假使我们无法热爱这久经岁月受人倾慕的艺术，自我欺骗，相信我们所做之事便是无用之功。我们是否感受到它与生命的调解，这是一项艰苦卓绝的试炼。

无法教化我们的作品不是艺术。如果失去艺术，视觉的、言辞的抑或是音乐的，那么我们的世界将依旧是一片丛林。

伯纳德·贝伦森

1952 年于佛罗伦萨伊·塔提别墅

（李骁、张伟晴　译）

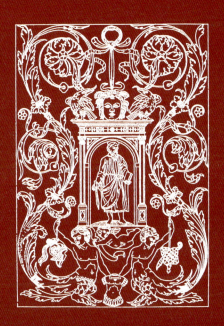

威尼斯画家

（1894 年初版）

The Venetian Painters，1894

一

　　在意大利绘画流派中，威尼斯画派对于大多数艺术爱好者来说，有着最强烈且最持久的吸引力。简短论述这个画派的生命时，我们或许可以发现自己对威尼斯画家产生独特愉悦感与兴趣的某些原因，我们会逐步认识到他们艺术中包含着怎样的人本精神倾向，以及在最后三个世纪，他们中的典范对整个欧洲绘画产生何种巨大的影响。

　　作为一个画派的威尼斯人，从一开始在使用色彩时便天生具有精致的老练。他们很少用冷色调，也不常用过暖的色调，绝不像佛罗伦萨画家那样在事后添加，也不像一些维罗纳大师那样总是使人想起涂绘。当眼睛习惯去体谅时间造成的暗淡、许多画作上层层叠叠的尘土以及并不成功的修复尝试时，更好的威尼斯绘画展现出的意图与行动的和谐，一如区分天才诗人最高成就的标准。他们对色彩的掌控是吸引大多数人注意威尼斯画家的首要原因。他们的赋色不仅直接给眼睛带来愉悦感，还像音乐作用于情绪一般，如伟大作曲家的作品类似的方式激发人的思想与记忆。

乔凡尼·贝利尼，《草坪上的圣母》，1505，英国国家美术馆藏

乔凡尼·贝利尼，《读书的圣哲罗姆》，1505，华盛顿国家美术馆藏

二

教会从一开始便考虑到色彩与音乐对情绪的影响。最早的时候，教会使用马赛克与绘画强化它的教义，讲述它的传奇故事，不仅因为这是影响不会读写之人的唯一手段，还因为它指导信众的方式不会招致挑剔的官方调查，特别能作为一种间接刺激物激发出奉献与忏悔的情绪。在 1 世纪最为精美的马赛克旁边，15 世纪最伟大的威尼斯画家乔凡尼·贝利尼的早期作品极好地实现了这样的宗教意图。在他有生之年，绘画达到的水准使技艺困难不再阻碍深刻情感的表达。在观看贝利尼画的圣母或天使举起死去基督的作品时，没有人不被置于深刻忏悔的情绪中，或者在观看他较早期的圣母像时，没有人不带着敬畏与崇拜之情并感到震撼。乔凡尼·贝利尼并非孤身一人。他的同代人，詹蒂莱·贝利尼 [Gentile Bellini]、维瓦利尼家族 [the Vivarini]、克里韦利 [Crivelli] 与奇马·达·科内利亚诺 [Cima da Conegliano] 都以相同的精神开始作画，创作出几乎相同的效果。

尽管教会借此教育人们将绘画当做一门语言来理解，并向它寻求最真挚的情感表达，但教会不能指望绘画一直局限为宗教情感的表现手段。人们开始感到对绘画的需求如我们现在对报纸的需求一般，是某种成为日常生活一部分的事物。考虑到在印刷术发明之前，绘画是除了直接演说之外向民众传播思想的唯一途径，这一点也就顺理成章了。大约在贝利尼与其同代人走向成熟之时，文艺复兴已不再是一场由学者与诗人发起的运动。它传播的范围已足够广到可以寻求像文学表达一样的流行，所以，在 15 世纪末，文艺复兴自然而然地转向绘画，这是一种教会使用了一千多年，已经熟悉和喜爱的表达方式。

为了理解它的精神开始在绘画中得到充分体现的那段时期，即文艺复兴，有必要对意大利文艺复兴早期的思潮做一次简单的考察，因为只有当这场运动达到一定程度时，绘画才会成为它最自然的表现媒介。

三

从基督教胜利到 14 世纪中叶，其间流逝的几千年是个体生命头十五六年无法比拟的。无论充满悲伤、快乐、狂怒或平静，这段早期岁月的主要特征是修养与自然流露的人格。但是到了 14 世纪末，欧洲大陆发生了一件所有天才生命必然经历的事情——个体意识觉醒了。尽管每一个地方或多或少感受到这种觉醒，但意大利比欧洲其他地区更早感受到，且更为强烈。最明显的迹象就是一种无限的且无法满足的好奇心，它驱使人们尽其所能地发现世界与人。人们迫切地转向古典文学与古代遗迹的研究，因为这些领域留存着被遗忘的知识宝库的钥匙。事实上，引领他们抵达古代的动机之后也带来了印刷术的发明与美洲大陆的发现。

回归古典文学首先引发了对"人之伟大"的崇拜。相较古希腊文学，意大利人更早精通的古罗马文学主要涉及政治与战争，似乎完全将个体置于毫不相称的位置，因为它只关注那些参与重大事件的个人。从认识事件的伟大到相信其中所涉人物也同等伟大，仅一步之遥。这种信念被略带修辞的古罗马文学滋养后，半途遇到了新的个性意识，激发出对"天才"与"人之成就"的无限赞美，这也是文艺复兴早期的一个显著特征。这两种趋势相互影响：罗马文学激发出对天才的赞美，而这种赞美反过来强化了人们对视天才为常规而非例外的那段历史的兴趣，即它强化了人们对古代的兴趣。

这段时期的发现精神以及永不餍足的好奇心引发了对古代艺术及古代文学的研究，对古代的热爱又引发了对古代建筑与雕像，还有对古代书籍与诗歌的模仿。尽管古代建筑与雕像随处可见，但直到相对而言的近代，几乎还没有任何古代绘画被发现，而彼时任何人都极想看见它们。结果便是文艺复兴的建筑与雕塑直接而强烈地受到古代影响，而绘画仅在其他艺术研究所致更好的制图术与更纯粹的趣味中受其影响。因此，发现的精神只能间接地在绘画中呈现自我——只有在它引导画家逐步完善自己的技艺时才会如此。

留存在盛名之下的古代个性丝毫没有衰减，对这种古代个性的天赋与奇迹的无限赞美，不久便产生了两种结果：一是对荣誉的热爱；另一个则是对艺术的赞助，能将荣耀之名毫无衰减地传给后人。古罗马的荣光经由诗人、历史学家、建筑师与雕塑家流传下来，而意大利人深感可以使用相同的方式将他们那个时代的成就传诸后世，以教士的诗人与艺术家创造一个辉煌的新宗教。起初，新的神职人员几乎完全局限于作家，但仅在一代人的时间里，建筑师与雕塑家开始有了自己的地位。对建筑的热情本就是一种本能，人们认为，在一座教堂或宫殿上高雅且显著地展现一个人的名字与他的纹章，就像获得诗人或历史学家的赞美一样，能让他流芳百世。实际上，正是对荣誉的热情，而非对美的热爱，最先刺激了文艺复兴时期的艺术赞助。美是艺术家所要考虑之事，尽管毫无疑问，他们的赞助人很清楚一座建筑越令人印象深刻，纪念碑越是漂亮，它就越有可能被

阿尔维斯·维瓦利尼，《读书的圣哲罗姆》，1476，华盛顿国家美术馆藏

人欣赏，他们的名字也越有可能传于后世。本能并没有误导他们，因为他们真正的成就只会吸引专家或古物学家去研究他们的职业生涯，而由他们竖立的建筑与纪念碑——由西吉斯蒙多·马拉泰斯塔、乌尔比诺的费德里科公爵与那不勒斯的阿方索公爵竖立的——使所有聪慧的公众相信，他们确实如他们希望后人相信的那样伟大。

由于绘画完全不能传播伟大罗马人的荣耀，文艺复兴早期的几代人并不对它抱有任何期望，没有像教会一样出于自身目的继续坚持为其提供赞助。只有当文艺复兴精神得到广泛传播，对知识、权力与荣耀的热爱不再是唯一被认可的激情，当人们跟随教会的引导，开始转向用绘画来表达深刻情感时，文艺复兴才开始特别利用绘画。新宗教，如我将其称为对荣耀的热爱一样，本质上属于建立在人类尊严之上的世界。文艺复兴的无限求知欲必然通向对生命的兴趣，以及对事物曾如是的接受——即他们的内在品质。人们不再注目于天堂的那刻便将目光落在了大地之上，他们开始更多地注视世俗世界中令人愉快的事物。考虑到圣伯纳德与其他中世纪圣人及博学之士几乎无法引导他们期待什么，他们自己的脸庞与身体必然以令人惊讶的趣味与非凡之美使其震撼。一种新的情感油然而生，即认为生活足以成为生命的重要部分，随之而来的是一种新的激情，即对美、优雅和美貌的激情。

上文已经提出，文艺复兴在现代欧洲历史上可以媲美个体生命中的青年阶段。它拥有所有年轻人对华丽服饰与玩乐的喜爱。人们越被新精神所感染，就越热爱庆典活动。庆典是当时众多占主导地位的激情的一个宣泄口，因为一个人可以展示所有他喜爱的华丽服饰，通过化妆成凯撒或汉尼拔，来满足他们对古代的热爱；通过研究罗马人在凯旋时是如何着衣、骑马，来满足他们对知识的热爱；通过在庆典的组织中展现财富与技艺，来满足对荣耀的热爱；最为重要的是满足他们对感受自身生命的爱。再严肃的作家都不会鄙弃去描述他们见过的许多庆典中最琐碎的细节。

我们已经看到文艺复兴早期的基本要素，即对知识与荣耀的激情，并非那种带给绘画新刺激的要素。对古代的激情也没有像作用于建筑与雕塑一般如此直接地激发出绘画艺术的灵感。诚然，对荣耀的热爱使那些无法建造纪念性建筑的人，在装饰教堂的壁画中胆怯地放入他们的肖像。但是只有当文艺复兴充分意识到它对生命与世俗享乐的兴趣时，它才会自然地，或者确切地说被迫转向绘画。因为显而易见的是，绘画尤其适合用幽微的光线与丰富的色彩来塑造事物的表象，这符合人类温和的情感，且能够将其表现出来。

奇马·达·科内利亚诺,《圣母子与圣彼得、圣罗慕铎、圣本德和圣保罗》,约 1495 年,柏林国立画廊藏

四

一旦文艺复兴的世界观如之前宗教理念所做的那样自然而然地在绘画中寻找它的表现时，它在威尼斯而非别处找到了更为清晰的表达语汇，或许正是这一点塑造了威尼斯绘画最持久的趣味。我们将会以此展开论述。

相比较意大利的其他地方，在威尼斯能更为强烈地感受到对生命日益增长的喜爱，以及由此而来的对健康、美与欢乐的热爱。或许威尼斯政府的特征可以解释这一点，即它几乎没有留下太多空间来满足个人对荣耀的热情，而是使其公民忙于国家事务，以至于没有闲暇的学习时间。由此，一些文艺复兴的主要激情在威尼斯找不到出口，其他激情则更为人所坚持得到满足。而且，威尼斯是意大利唯一一个几代人都享受到内部和平的公国。这让威尼斯人热爱舒适、安逸和华丽，拥有高雅的举止与人文情怀，也使他们成为欧洲第一批真正的现代人。由于在威尼斯几乎没有个人荣誉的空间，使荣誉永存的人文主义者最初在那里缺少激励，威尼斯人则幸免沉迷于考古学与纯科学，对这些学科的着迷早些年压垮了佛罗伦萨。这本身并不一定是一种优势，但它恰好适合威尼斯，那里的生活条件在一段时间内已经提升了对美丽事物的热爱。其实在自然生长的过程中对美的感受并没有遭遇阻碍。考古学会试图使其顺从于往昔的高雅品味，这个过程对当前的良好品味几乎没有裨益。过多的考古学与科学或许会终结于威尼斯艺术的学院化，而非使它成为过去那样，即生命之趣与欢愉之爱自然成熟的产物。诚然，绘画在佛罗伦萨几乎是与其他艺术同时发展的，或许正是由于这个原因，佛罗伦萨画家绝不会认识到他们的任务与建筑师和雕塑家的有什么区别。因此，当文艺复兴开始在绘画中找到最佳的表现方式时，佛罗伦萨人已经太过依恋古典的理想形式与构图，换句话而言，太过学院派以至于无法体现对生命和快乐的悸动感。

因此，在 15 世纪末的威尼斯画作中，我们既没有发现早先教会仅将绘画用来诠释情感时的忏悔和虔诚，也没有发现佛罗伦萨人特有的学究气。此时的威尼斯大师尽管名义上仍在继续绘制圣母与圣人，但实际上画着如他们一样俊美、健康、理智的人，这些人庄重地穿着华丽的长袍，发觉生命的价值仅在于生活，而不为它寻求任何形而上学的基石。简而言之，这个世纪最后十年的威尼斯绘画似乎不再像过去那样为了奉献，也不像之后的佛罗伦萨那样为了赞美，而是为了享受。

乔凡尼·贝利尼、提香，《诸神的欢庆》，1514 或 1529，华盛顿国家美术馆藏

　　如前所述，教会本身已经教育后代将绘画当作一门语言来理解。现在人们敢于公开承认的热情已不再仅与未来某个国度的幸福相联系，而是主要与现世的生活有关，人们期盼绘画为这些更为人性的愿望发声，舍弃教会已经过时的想法。在佛罗伦萨，画家们似乎无法或不愿意让他们的艺术真正流行起来。在那里也无须如此，因为波利齐亚诺、普尔奇与洛伦佐·德·美第齐早年对古代的热忱与他们自身的天赋使他们比其他人更了解诗歌的语言，他们用这种语言向佛罗伦萨人致辞，并以此满足自我表达的需求。仅在威尼斯，绘画仍停留在较早时候遍布意大利的样子，那是全体民众的通用语言。因此，威尼斯艺术家有着最强烈的刺激诱因完善创作方式，而画家必须以此使绘画在他们这代人眼中显得真实。他们这一代人对现实的坚持比基督教胜利以来为人所知的任何一代人

都要坚定。此处，文艺复兴与青年时期的类比必须再次常驻脑中。年轻人对现实的理解不可与年长者相比，我们一定不能指望在文艺复兴中找到像我们一样对事物本身的认知热情，但这时对事实的理解要比中世纪时更为坚实。

绘画在适应新理念的过程中发现要想达到令人满意的再现，除了通过形式与色彩，还需要借助光影与空间感。对于和绘画朝夕相处的威尼斯人而言，素描的轻微过失或许是最令人烦恼的，透视、空间与色彩的错误则会完全毁掉一幅画。由此，我们发现威尼斯画家越来越注重营造画面空间的真实深度，赋予实体物完全的立体效果，并且注重在同一画面中保留人物形象的不同部分，迫使事物依次保持其恰当位置。早在 16 世纪初，一些更伟大的威尼斯画家就已经成功地使远处的物体越来越不清晰并越来越小，也成功地表现了大气中的真实外观。这是绘画有别于雕塑的几个特殊难题，在意大利，只有威尼斯人与密切关注它们的画家成功地解决了这些难题。

五

15 世纪末解决了这些问题并取得巨大成就的画家有乔凡尼与詹蒂莱·贝利尼、奇马·达·科内利亚诺与卡帕奇奥 [Carpaccio]，我们发现他们中的每一位某种程度上都享受与日常生活的联系。我已经谈到过盛大庆典，以及它们具有怎样的文艺复兴特质，像它们曾经所做的那样成为其主要激情的安全阀。同样的，威尼斯知晓对荣耀的热爱，因为激情完全是奉献给公国的，所以它只可能更为强烈。为了增添威尼斯的伟大、荣耀与辉煌，威尼斯人可以做任何事情。正是这一点引导他们将城市本身打造成了一座令人惊奇的纪念碑，以表达他们对共和国的热爱和敬畏之情，它仍比人类艺术冲动的其他任一成就更能引起人们的钦佩和愉悦。他们不满足于将城市打造成世界上最美的城市，他们为纪念它而举办的庆典有着所有宗教仪式的庄严感。陆地与海上的游行与盛会摆脱了意大利其他地方特有的令人不快的即兴元素，这些游行和盛会成了威尼斯公国的一项职能，其地位不亚于天主教会中的大弥撒。总督与议员身着华服，规制不逊色于神职人员，他们聚集在广场或运河旁精灵般的建筑中，这一活动是人们最热切期盼的，也最能满足威尼斯人对公国的热爱，以及对辉煌、美丽与喜庆的钟情。如果可以，威尼斯人每天都会举行盛会，为了弥补这种缺憾，他们热衷于拥有再现这些活动的作品。所以大多数 16 世纪初的威尼斯绘画都倾向于采用宏大游行的形式，如果它们无法真的再现庆典。它们是露天广场上的游行，如詹蒂莱·贝利尼的《基督圣体节》[*Corpus Christi*]；水上游行，如卡帕奇奥画中圣厄休拉离开家的场景；或再现了威尼斯辉煌但常见的景象，如接待或遣散大使，就像卡帕奇奥的圣厄休拉系列中几幅绘画所呈现的；又或单纯展现盛装出席，聚集在露天广场上的人们，如詹蒂莱的《圣马可传道》[*Preaching of St.Mark*]。不仅有喜欢享乐的卡帕奇奥，还有朴素的奇马，后者随着年龄的增长，将《圣经》与圣徒的每段传说都转变为盛会图画的特殊场合。

但是这类画作的流行还有更深层次的原因。当时最享有盛名的大师完成的总督府大议会厅装饰，根据其主题的性质而被要求再现盛会场景。威尼斯公国像教会一样鼓励绘画，为了培养它的受众对自己公国的荣誉感，所采用的方式是他们能够理解的，而不会被引导致挑剔的官方调查。诚然，威尼斯不是唯一一个将绘画用作政治目的的城市，但锡耶纳洛伦泽蒂的壁画却是依照教义问答书进行指导的箴言，而威尼斯总督府大厅中的绘画本质上是提醒威尼斯人铭记他们的荣耀与公国的政策。这些壁画再现了总督调解教皇与巴巴罗萨皇帝矛盾这样的主题，这起事件标志着威尼斯首次进入欧陆政治圈，也代表了它不变的政策，即通过维持教皇同盟与反教皇同盟之间的平衡关系来达到自己的目的。这些作品的第一版大约在 14 世纪末 15 世纪初完成。到 15 世纪末，它便无法再满足人们对现实与美的新感受，因此不再能达到荣耀公国的目的。贝利尼兄弟、阿尔维斯·维瓦利尼 [Alvise Vivarini] 与卡帕奇奥两次受雇绘制相同的主题，这让威尼斯人充分地了解到他们是多么喜爱盛会图。

值得注意的是，佛罗伦萨也在同一时间委托它最伟大的画家为议会厅创作作品，但几乎让他们自由地选择主题。米开朗基罗选择的主题是"正在洗澡的佛罗伦萨人受到比萨人惊吓"，而莱奥纳多选择的则是"夺旗之战"。这两幅画的首要目的都不是为了颂扬佛罗伦萨共和国，而是为了发挥画家的天赋，米开朗基罗的天赋在于处理裸体，而莱昂纳多的则在于运动与生命力。他们在各自的草图中发挥出了特有的才能，却没有更深入的兴趣了，两个人都未完成画作。我们也没有听说佛罗伦萨的议员们欣赏过那些草图，而那些草图旋即就被学徒们抢走了，正是后者将容纳它们的大厅变成了一个学园。

詹蒂莱·贝利尼,《基督圣体节》,1496,威尼斯美术学院画廊藏

威尼斯总督府大议会厅

乔凡尼·贝利尼、詹蒂莱·贝利尼,《圣马可传道》,1504—1507,布雷拉画廊藏

六

威尼斯的大议会厅并没有变成学生们的学园，尽管那里的绘画作品毫无疑问刺激了艺术家，它们为公众而设计，产生的影响甚至更为深远。人们不允许议员是华丽盛会与典礼迷人画作的唯一观众。互助会——它们曾被称为学派——很快就让受雇于总督府的大师们为他们自己的会议场所绘制了同样绚丽的画作。圣乔治学派、圣厄休拉学派与圣斯特凡诺学派雇用了卡帕奇奥，圣乔凡尼与圣马可学派雇用了詹蒂莱·贝利尼，而其他学派则雇用了二流画家。为这些学派而作的作品有着特殊意义，既因为它们现在全部留存于世，为1576年在大火中毁灭的总督府画作提供了线索，也因为它们为之后的艺术做好了铺垫。正如公国选择使其获得荣耀的主题，并普及它的历史与政策，为学派绘制的作品也是为了让守护他们的圣人获得荣耀，使他的事迹与模范形象永葆青春。这些绘画作品中有许多——实际上是大多数——采用了盛会的形式，但是即便在这样的作品中，其意图实际上几乎还是出于国家目的，高度仪式化的风格变得宽松，引入了直接取自生活的元素。在詹蒂莱·贝利尼的《基督圣体节》画作中，他不仅描绘了露天广场上隆重且令人眼花缭乱的游行队伍，而且还画出了身穿华丽服饰昂首阔步的优雅年轻人、异国的漫步者，甚至还有一直在圣马可教堂入口处的乞丐。在《十字架的奇迹》[Miracle of the True Cross] 中，他引入了威尼斯贡多拉船夫的形象，仔细描绘出他们站着摇桨时形体的轻盈秀丽之美，甚至没有排斥如站在门廊的侍女看着正要跳进运河的黑奴这样的情节。他在处理这些细节时融入了所有的魅力，以及光与色彩简单效果的细腻感受，我们会在维米尔·凡·代尔夫特 [Vermeer van Delft] 和彼得·德·霍夫 [Peter de Hooch] 这样的荷兰画家身上发现同样的效果。

在这位最早的威尼斯大师的作品中，类似的情节必定已如火种上的火花一般对公众产生了影响。它们必然受到突然而确定的欢迎，因为它们在为学派而作的绘画中发挥出越来越重要的作用，其中许多主题已经转变为威尼斯日常生活的研究。这一点尤其体现在卡帕奇奥的作品中。他对日常生活场景的热爱与盛会相当。他的作品《圣厄休拉之梦》[Dream of St.Ursula] 向我们展现了一位在房间中安睡的年轻女孩，宁静的晨曦笼罩着她。确实，将其描述成光线柔和地照在墙上、窗台花瓶上、书桌与橱柜上的房间的绘画或许更好。一位年轻的女孩恰好睡在床上，但这幅画已不再仅是圣徒生活片段的实用

詹蒂莱·贝利尼，《十字架的奇迹》，1500，威尼斯美术学院画廊藏

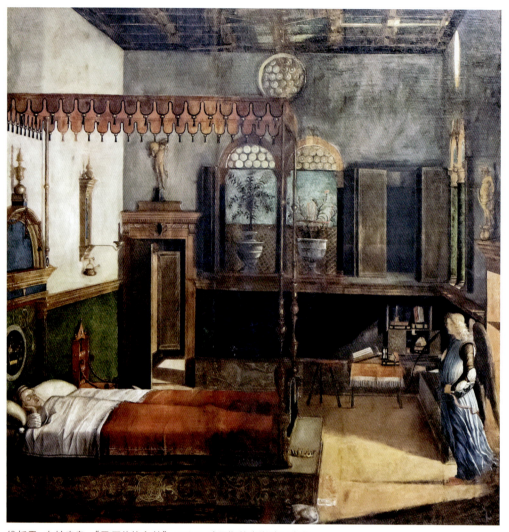

维托雷·卡帕奇奥，《圣厄休拉之梦》，1495，威尼斯美术学院画廊藏

图解。让我们再一次看看相同系列中的一幅作品，其中摩尔王让大使们离开。卡帕奇奥所描绘的这个使臣团场景中最引人注目的人物既非国王也不是大使们，而是左侧穿过边门射入的光线与正在辛勤工作的可怜书记员形成的效果。或者再看看他习作中的圣哲罗姆，现藏于圣乔治学园。圣哲罗姆只不过是一位威尼斯学者，坐在舒适明亮的图书馆中被他的书籍环绕，沿墙排开的小书架上放着小摆件。无论是他的外表或身处的环境，所涉及的生活方式都不是对罪恶和救赎问题的自我克制或艰苦奉献。甚至在《圣母许愿》[*Presentation of the Virgin*] 中，卡帕奇奥得到了展现盛会场景的绝佳机会，将这幅画变成

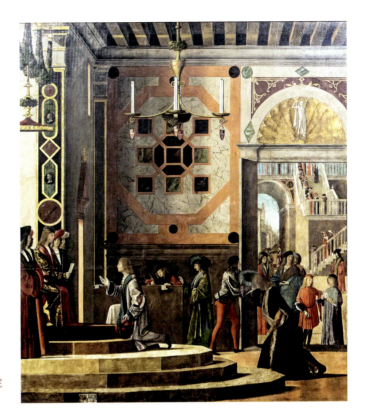

维托雷·卡帕奇奥,《大使启程》,
1495—1500,威尼斯美术学院
画廊藏

了一个单纯的女孩参加第一次圣餐仪式的场景。换句话说,卡帕奇奥拥有风俗画家的才能,他也是意大利最早的风俗画大师。他的风俗画与荷兰或法国的风俗画的区别在于程度而非种类。荷兰风俗画更具民主精神,作为绘画有着更为优美的特质,但它就像卡帕奇奥一样处理主题,为了它自身的图画承载力与色彩、明暗效果。

七

文艺复兴初期,绘画几乎完全局限于教会之中。它从教会延伸至议会厅,再到学派。在那里,它迅速发展成为一门以画出贵族奢华生活为目的的艺术。当它做到这一点时,便理所当然地开始装饰所有富人的住宅。

在 16 世纪,人们不像现在这样以一种疏远的敬意来看待绘画。它几乎与后来的印刷术一样廉价,并且几乎一样频繁地被人使用。当威尼斯人的文化达到一定水平时,他们能够分辨自己的感觉，区分快乐与教化，他们发现绘画给他们带来了明显的愉悦感。他们为何总是不得不去总督府或一些学派那里才能享受愉悦呢？这就像我们永远不能在音乐厅之外听到音乐一样，是一个不小的困难。这不仅是一个修辞上的类比，因为在 16 世纪威尼斯人的生活中，绘画的地位相当于我们今天的音乐。他不再期盼绘画为自己讲述故事，或传授教义。印刷书籍开始普及，充分满足了这些需求。他通常没有什么个人的宗教信仰，因此并不关心促使他忏悔或奉献的画作。他更喜爱拥有一些令人愉快的赋色物品，它们会让他置身于最享受的生活氛围之中，以精致的行乐、乡村聚会或甜美的青春之梦的形式。意大利画派中单是在威尼斯绘画便已经满足了这样的需求，它因此成为第一个真正的现代艺术：现在，艺术越来越趋于满足人们的实际需要，而在过去，它们应该服务于某种超越人类的目标——这预示了古代艺术与现代艺术之间至关重要的区分。

一间住宅需要的绘画类型自然不同于那些适合挂在议会厅与学派中填满许多人物的大型绘画。住宅需要的是更小的绘画作品，比如可以随身携带的。因此，仅是尺寸便将盛会主题排除在外了，但无论如何，盛会是一个太过正式的主题，而不能适用于所有氛围——类似于铜管乐队常常是在室内演奏的。架上绘画则必然没有太过确定的主题，且和奏鸣曲一样不能被翻译成文字。乔凡尼·贝利尼晚期的一些作品便已经属于此类绘画了。它们充满微妙且精致的诗意，能够仅通过形式与色彩表现出来。但是它们对于那时候快乐且无忧无虑的年轻人而言，在形式上又有点太过朴素，色彩上有点太过素净。卡帕奇奥似乎未曾画过很多架上绘画，尽管他的光辉、欢乐的幻想、对色彩的喜爱与幽默的快乐精神都能够使其极好地适应此种绘画。作为这些大师的追随者，乔尔乔内将两人的特点作为自己继承的遗产，并以此进步。他将贝利尼的精致感受和诗意与卡帕奇奥的欢乐氛围和对美及色彩的喜爱相结合。乔尔乔内受到同代人热情的激励，这是其他感情阶段的人不会有的。乔尔乔内创作的绘画如此完美地结合了已成熟的文艺复兴精神，以至于它们成功地唤醒了我们对需求的充分认识并让我们得到满足。

乔尔乔内的一生短暂，总共不到二十来件的作品，极少免遭毁灭。但这些足以让我们管中窥豹，一瞥文艺复兴在绘画中找到最真实表达的短暂时刻。他太过狂热的激情已经平息，变成对美与人际关系的真诚赞赏。想要比这更多地谈论乔尔乔内实在有些困难，他的绘画作品完美地反映了文艺复兴的盛期。他的作品以及他的同代人和追随者的作品仍持续得到一些人的欣赏，这些人或是在思想与精神上与文艺复兴最相通，或是将意大

乔尔乔内,《暴风雨》,约 1505 年,威尼斯美术学院画廊藏

利艺术不仅视为艺术,还看作是时代的产物。因为那便是它最大的兴趣。其他画派仅是在绘画方面的成就远超意大利人。一位认真的艺术生会将意大利人的最高成就纯粹看作是技艺,而几乎不会考虑将其置于伟大的荷兰人、西班牙人甚至是现代大师的作品旁边。我们对意大利绘画的真正兴趣实际上在于,我们几乎本能地感觉这门艺术是欧洲现代历史的一段时期内发现的最适合的表达方式,而这段时期与青年时期有着许多相同之处。

乔尔乔内,《熟睡的维纳斯》,1508,茨温格宫藏

乔尔乔内,《三位哲学
家》,1508—1509,维
也纳艺术史博物馆藏

乔尔乔内,《牧羊人的
崇拜》,1505—1510,
华盛顿国家美术馆藏

文艺复兴有着与那段时期相同的魅力，那时我们对自身及其他人都充满了希望。

八

    乔尔乔内创造了一种需求，迫使其他画家冒着不被喜爱的风险来满足这种需求。年长的画家尽其所能适应它。他们中的一位确实以一种充满非凡魅力的方式转向了新需求，使他之后的作品有了意大利早春的靓丽与温柔。光听到卡泰纳 [Catena] 现藏于英国国家美术馆的一件作品的标题《崇拜婴儿基督的战士》[*A Warrior Adoring the Infant Christ*]，谁能想象他准备怎样处理绘画本身？画里有几位安静的人物正享受着芬芳的夏日风景，其中一位身穿盔甲，浑身散发着东方魅力，跪在圣母脚下，与此同时一位浪漫的年轻侍从正抓着他的缰绳。我特地提及这幅画，因为它是理解乔尔乔内处理主题方式的绝佳案例，不是因为故事或技巧的展示，也非明显的感受，而是因为令人愉快的风景，光影效果与人物关系中的甜美。乔尔乔内的卡斯泰尔弗兰科祭坛画便有着完全相同的精神，但更具天赋。

    年轻画家完全没有机会，除非他们立刻以乔尔乔内式的风格装饰绘画。但是在我们

文森佐·卡泰纳，《崇拜婴儿基督的战士》，16 世纪 20 年代，英国国家美术馆藏

能够欣赏年轻一代的画家被要求所做的一切之前，我们必须转向研究文艺复兴及画家技艺中最令人惊奇的产物——肖像画。

九

我们已经多次提及文艺复兴主要的激情之一是对不朽名声的渴望，它带来了更为普遍的愿望，即将容貌与画像的记忆流传后世。伟大的罗马人似乎已成功证明实现这个目标最可靠的方法，随着新半身像与纹章的出土，越来越多人熟知他们的雕像。于是较早一代的文艺复兴人依靠雕塑家与纹章制作者将他们的容貌传给感兴趣的后人。这些艺术家已为他们的任务做好了准备。光是材料就让作品坚实，那是绘画难以达到的效果。与此同时，除了将材料塑造成想要的形状之外，他们别无他求。不需要任何背景或色彩。仅从这一点来看，他们的艺术自然会最早取得成果。但除此之外，雕塑家与纹章制作者还从古代范本中受到直接启发，通过对这些范本的研究，他们很早便接触到文艺复兴的偏好。对当时流行明确样式的激情，以及由此产生的分析精神，迫使他们对人的面部进行耐心的研究，并且能让这些面部特征看起来属于一个连贯的整体，即我们所说的个性。因此，当画家还未学会区分人与人之间脸部特征的差异时，多纳泰罗雕刻的半身像仍是无与伦比的个性习作，而皮萨内洛 [Pisanello] 铸造的青铜与银制纹章则承载了肖像本尊的最高声誉。

虽然如此，多纳泰罗的《尼科洛·达·乌扎诺半身像》[*Bust of Niccolò d'Uzzano*] 清楚地表明文艺复兴不可能长久地满足于雕塑肖像。它的颜色仿佛浑然天成，并如此成功地在一瞬间创造出真实的生命效果，以至于好像下一刻就变得神秘一般。多纳泰罗的同代人一定有过相同的印象，因为存在这样的半身像但数量极少。然而这些少量的作品证明，在令人满意的肖像画被人发现以前，色彩元素不可或缺：换句话说，绘画而非雕塑将成为文艺复兴时期的肖像艺术。

不是只有文艺复兴早期最具创造力的雕塑家意识到肖像作品需要色彩。这段时期或在任何时期都是最伟大的纹章制作者维托雷·皮萨诺 [Vittore Pisano][1] 敏锐地感觉到了这一点，并成为一名画家，他是首批将这种艺术转为肖像画的艺术家之一。然而，在他那

---

[1] 维托雷·皮萨诺即皮萨内洛，贝伦森此处沿用了瓦萨里的误称。（编者注）

皮萨内洛,《约翰八世·巴列奥略纹章》,1438,维多利亚和阿尔伯特博物馆藏

多纳泰罗,《尼科洛·达·乌扎诺半身像》,15世纪30年代,巴杰罗国家博物馆藏

个时候，绘画仍是一种不太成熟的艺术，以至肖像失去了在更逼真的色彩中获得的个性，皮萨诺现存的两幅肖像画就比他最好的纹章逊色，好像真的是纹章的放大作品，而非对生命的原创研究。

只有到了下一代人，当画家本人的注意力非常集中于复制人性极为显著的类型之时，他们才开始创作与多纳泰罗早期半身像一样充满生命力与能量的肖像画。然而，即便如此，几乎没有人尝试正面像，只有到了 16 世纪初正面肖像才变得常见。曼泰尼亚的《斯卡莱姆博红衣主教头像》（现存于柏林）是这类肖像画中最早引人注目的成就，它并不是那类能在威尼斯获得青睐的画作。这幅披着羊皮的狼的正面像过于清晰地展现出追逐私利、见利忘义的精神面貌，以至于引起了威尼斯人的反感，他们将所有这些特点看作是个人的不敬，因为这类人完全垄断了公国。装饰大议会厅横饰带的总督肖像画中，威尼斯想要的是完全献身给公国的公务员肖像，而非伟大人物的肖像，是更容易剔除纯粹个体特征的肖像。

具有重要意义的是，威尼斯是首个以保存其主要统治者肖像为业的公国。詹蒂莱与乔凡尼·贝利尼为这个目标完成的那些作品对肖像画产生的影响必不亚于他们在同一个大厅中画的壁画对其他艺术分支产生的影响。但是公国并未满足于仅在总督宫中留下其荣耀的记录。相同的意图也打动了教会与圣徒——幸运的是，虽然大厅中的肖像画已经被毁，但几幅祭坛画仍为我们保留了几位总督的样貌。

16 世纪早期，当人们需要绘画像装饰公共大厅一样摆放在他们自己家中时，个人与宗教的动机共同决定了主题的选择。在许多人心中，尽管绘画是一门为人熟悉的艺术，但与严肃的宗教仪式和公国庆典联系太过紧密，以至于无法立刻被用作个人愉悦的目的，所以不得不在圣哲罗姆的赞助下加入风景。而浪漫的《圣经》情节，如《摩西的发现》[Finding of Moses] 或《所罗门的审判》[Judgment of Solomon] 为风俗画找到了借口，肖像画则在圣徒赞助人的斗篷之下半隐半现。然而，肖像画的地位一旦稳固，它便立刻摆脱了所有的教导，并宣称自己可能是最有吸引力的主题之一。除了形似提供明显的满足感之外，肖像画还必然给人以视觉享受，营造那些令人愉快的情绪，那是乔尔乔内时期人们期盼从其他绘画中获得的。和肖像画中的斯卡莱姆博红衣主教一起生活一定比和他本人相处轻松得多。这类人施行暴政而不会安抚和取悦别人。但是乔尔乔内与紧随其后的追随者们笔下男女的外貌会让人想起喜欢的朋友，他们的容貌丰满得令人愉悦，衣服

安德烈·曼泰尼亚，《斯卡莱姆博红衣主教头像》，1459，柏林国立画廊藏

詹蒂莱·贝利尼，《苏丹穆罕默德二世》，1480，英国国家美术馆藏似乎柔软可触，周遭环境唤醒了人们记忆中的甜美风景与清爽微风。实际上，在这些肖像画中逼真是最不明显的目标，真正的目的是为了愉悦眼睛，使人的思想转向愉快的主题。这毫无疑问有助于说明威尼斯的肖像画风靡于 16 世纪的原因。正如我们将看到的那样，随着这个世纪的到来，肖像画的数量只会越来越多。

+

乔尔乔内的追随者必须开发他们的大师偶然发现的风格才能获得丰厚的回报。诚然，他们中的每一个人都发挥出不同的魅力，但对乔尔乔内式条款的需求，如果我可以这么说的话，太过强烈以至于不容许有太多偏离。绘画将要再现什么或它将被置于何处，已不再重要。处理方式常常必须是明亮、浪漫且令人高兴的。许多艺术家仍将自己限制在教会主题之中，但甚至在这些人中，如洛托与帕尔马 [Palma] 这样的画家完全和提香、博尼法齐奥 [Bonifazio] 或帕里斯·博尔多纳 [Paris Bordone] 一样是乔尔乔内式的。

尽管提香的天性更为顽固且不太雅致，但他除了沿着自己的道路进行创作，没有为乔尔乔内去世后的一代人做过什么。两位大师从一开始便呈现出不同的品质，但激发他们的精神却是完全相同的。提香在竞争者离世后十年所创作的绘画不仅有着乔尔乔内作品中的许多品质，而且还有某些更多的东西，就好像是由年老的乔尔乔内创作的一般，更好地控制自我且有着对世界更大且更为坚实的掌控力。与此同时，他们并未减少对生命自发的喜悦，甚至对它的价值和尊严有了更多的认识。多么杰出的系列作品将得到世人的见证！例如，在《圣母升天》[Assumption] 中，圣母升至天堂，她在天使的簇拥下并没有感到无助，而振奋于心中充盈的生命力，感到宇宙本就属于她自己，没有什么能阻止她的进程。天使们似乎只是为了歌颂人类克服自身环境取得的胜利而在那里。他们是具象化的快乐，有如《帕西法尔》结尾的管弦乐队迸发出的狂喜影响着我们的神经。或者看看马德里的《酒神信徒》[Bacchanals]，以及英国国家美术馆的《巴库斯与阿里阿德涅》[Bacchus and Ariadne]。它们热情洋溢的快乐是何等充沛！你不会看到内心与外部环境斗争的任何迹象，但生命却是如此自由、强壮与炽热，以至于它几近陶醉。它们确实是狄俄尼索斯酒神狂欢节式的胜利——这是生命对喜爱阴暗寒冷并厌恶阳光的鬼魂的胜利。

提香，《圣母升天》，1516—1518，威尼斯圣方济会荣耀圣母圣殿藏

提香,《酒神信徒》,1523—1526,
普拉多博物馆藏

提香,《巴库斯与阿里阿德涅》,约
1520—1523,英国国家美术馆藏

提香在这些年绘制的肖像画中依旧呈现出脱离暗淡色彩的自由感，以及对生命的掌控力。想象一下罗浮宫的《戴手套的人》[*The Man with the Glove*]、《音乐会》[*Concert*]、佛罗伦萨的《年轻的英国人》[*Young Englishman*] 以及威尼斯弗拉里教堂祭坛画中的佩扎罗家族——回想起这些肖像画，你会看到它们确实是文艺复兴的孩子，生活没有教给他们卑鄙和恐惧。

十一

但即便在这样的作品被画出来之时，意大利文艺复兴的精神仍被证明是不适用于生命的。这不是青春之灵的过错，青春无法持续太长时间。无论它会如何流逝，成年与中年终将来临。相较于某一短暂时刻内它曾似乎显露出的脸色，生命开始呈现出更为严厉且更为冷静的面容。人们逐渐意识到对知识、荣耀与个人进步的热情并非是生命呈现所有问题的主要成因。佛罗伦萨与罗马立刻震惊地发现了这一点。面对米开朗基罗在圣洛伦佐大教堂中的雕塑，或他的《最终审判》，我们仍然听到随着他们开始明白不可抗拒的事实而响起的哭喊声。尽管威尼斯因康布雷同盟而蒙羞，因土耳其人与贸易航线的改变而衰败，但它既没有像意大利其他地区一样被西班牙步兵团击垮，资源也没有枯竭到毫无财富流入它的国库。生命变得更严峻与朴素，但仍非常值得去生活，尽管对一点斯多葛哲学与诚挚思想的喜爱似乎不再是不合适的。文艺复兴的精神已经找到了缓慢进入威尼斯的方法，它离开的步伐甚至更为缓慢。

因此，我们发现临近 16 世纪中叶，此时意大利其他地方的绘画试图使自身适应教会的伪善；而教会之所以作为一个公共机构而幸存的主要原因，是因为它协助西班牙以暴政征服了世界。而且此时肖像画曾展示出较早一代的迷人青年已经转变为谄媚和优雅的朝臣——威尼斯绘画仍忠实于成熟且更具反思性的精神，它承续了文艺复兴时期最耀眼的那几十年。这让人们更为严肃地看待自己，行动时更多地考虑到后果，思考生命时少了些许希望和欢愉。寻求更平静的快乐、友情与情感的愉悦。生命没有像曾经许诺的那样被证明是无止尽的假日，认真的人开始怀疑在官方宗教令人恶心的假面具之下是否还存在，能够安慰青春远去、希望落空的事物。因此，宗教开始在意大利复活，这次既不是民族的也不是政治的，而是个人的——对人类灵魂的真实需求的答复。

提香，《戴手套的人》，1520，罗浮宫藏

乔尔乔内 / 提香,
《音乐会》,1509,
罗浮宫藏

提香，《年轻的英国人》，1540，皮蒂宫藏

十二

几乎不会有人怀疑，我们在这位威尼斯艺术家那里首次发现了全新情感的表达，他应该是通过到处旅行接触到意大利的苦难，而这个方式对于那些留在威尼斯受到庇护的人而言是不可能的。当洛伦佐·洛托最为自我的时候，并未绘制人类战胜环境的场面，而是在祭坛画，甚至更多的是在肖像画中，向我们展现了想要从宗教、冷静思考、友情与感情中获得慰藉的人。他们从油画布中向外望去，就好像在乞求怜悯。

但是像洛托这样的人并没有为事物的新秩序找到真正的表达，这些人感受敏锐，出生在文艺复兴的全盛时期，对于他们来说新秩序的来临必然带来失望。这种新秩序必然来自一个没有亲自接触意大利其他地方悲苦的人，一个较少意识到周遭环境的人，一个像提香这样更愿意接受新雇主赞助而非感受未直接触及他压迫的人。或者是一个像丁托列托 [Tintoret] 这样的人，为事物的新秩序而生，不必在适应它之前经历更长时间的沮丧。

十三

发生在邻居家的事不可能对你毫无影响，就像暴风雨席卷各处而你的房屋上空不可能晴空万里一样。西班牙没有直接统治威尼斯，但由她近乎完全的胜利而开创的全新生活与思想方式却无法被阻挡。她的受害者涌向威尼斯寻求庇护，其中必然包括意大利的学者们，他们被宗教审判所珍视的规则迫害。如今威尼斯画家首次接触到了文人。幸运的是，他们已经非常熟悉自己的艺术事业，不会被学问甚至诗歌所牵制，文人与画家之间基本上形成了一种激励性的，至少是有益的关系，正如在这两个群体中最伟大之人的案例中采取了互利合作的形式。我们的目的不在论述阿瑞提诺获得的好处，但倘若现代新闻业的奠基者皮耶罗·阿瑞提诺不在提香身边热切地宣扬对他作品的赞美，并建议他要奉承谁，那么提香生前几乎不会获得如此高的名声。

西班牙势不可当的胜利还涉及另一个结果，它使所有意大利人，甚至是威尼斯人，都认识到了个体在有组织的权力面前的无助——正如我们已经看到的那样，早期文艺复兴由于对个体全知全能的信仰而完全缺乏这样的认识。这对艺术产生了显著影响。在提香漫长生涯的最后三十年，他没有把人画得像四月早晨的百灵鸟一般无忧无虑地与环

洛伦佐·洛托，《圣凯瑟琳》，1522，华盛顿国家美术馆藏

境相适应。他宁可把人再现为对周围环境采取行动并承受其反击的样子。他使容貌与形象清楚地展现生活对他们做了什么。这种感受激发了伟大的《戴荆冠的耶稣》[*Ecce Homo*] 与《戴上荆冠》[*Crowning with Thorns*]，也激发了查理五世的骑马肖像画。我们在《戴荆冠的耶稣》中看到有着如神一般气质的人，而皇家威严使其卑微，皇权将他击垮并最终使他无法反抗他们。而在《戴上荆冠》中，我可以看到同一个神一般的人几乎受尽痛苦与折磨，变成野兽一般。在查理五世的肖像画中，我们看到的则是一个生活中衰弱无力的人，他不得不面对可能会击垮他的敌人。

但提香既未变得阴郁，也没有成为一个悲观主义者。他后期的许多肖像画甚至要比成熟期较早的作品更充满活力。他证明了自己是一个世界的智者。"不要成为一个奴颜婢膝的谄媚者，"他们中的一些人如是说道，"但记住文雅的礼节与温和的高雅也不能伤害你。"当时提香始终保持着与时俱进，基本上这种变化是为了更牢固地抓住现实，这就要求画家精通自己技艺的同时又有另外的进步。提香真正的伟大之处在于，正如他已经意识到更牢固地把握生命的必要性，他也能够创作出更伟大真实的效果。正如我已经说过的那样，绘画中更真实的效果主要是光影的问题，只能通过将画布视作一个内部充满光线与空气的封闭空间，透过它们来看物体才可获得此效果。获得此效果的具体方法不止一种，但提香却通过近乎完全抑制轮廓线，以色彩协调及大而有力的笔触来实现这种效果。实际上，年老的提香在绘画方法上明显类似当今最好的法国大师。这只会使他更为迷人，尤其是当他在威尼斯皇宫[1]的《智慧》[*Wisdom*] 或维也纳的《牧羊人与宁芙》[*Shepherd and Nymph*] 中呈现的那样，将这种手法与创作形式美的力量相结合时。创作出这些作品的老年提香与创作《圣母升天》和《巴库斯与阿里阿德涅》的青年提香，两者之间的区别，就像写出《仲夏夜之梦》和《暴风雨》的两个莎士比亚之间的区别。提香开始与终结的方式与莎士比亚有太多相同之处，这并非偶然。他们都是文艺复兴的产物，经历了相似的改变，每个人都是他的时代最高水平、最完整的表现。此处无法详细对比二人，而我已经在提香这儿停留得太久，因为从历史发展的角度来看，他是唯一一个近乎表现了文艺复兴能够在绘画中被发现的全部内容的画家。正是这一点使他要比丁托列托更吸引人，而丁托列托则是一位在许多方面更深入、更精致，甚至更出色的艺术家。

---

[1] 现为威尼斯圣马可国立图书馆。（编者注）

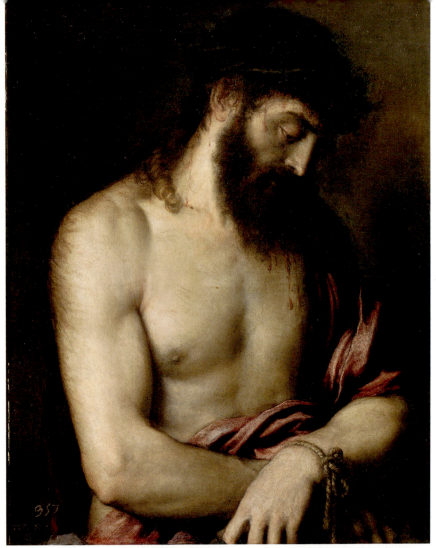

提香,《戴荆冠的耶稣》,
1547,普拉多博物馆藏

提香,《戴上荆冠》,1565—
1570,普拉多博物馆藏

提香，《查理五世骑马像》，1548，普拉多博物馆藏

提香,《智慧》,约 1560 年, 圣马可国立图书馆藏

提香,《牧羊人与宁芙》,1570—1575,维也纳艺术史博物馆藏

十四

丁托列托成年之时恰逢文艺复兴的果实在每一根枝丫上成熟。文艺复兴引发了个体的解放,使其感受到宇宙除了他自己的快乐之外没有其他目的。这为"我为何应该做这个或那个"的问题带来了一个全新的答案。以前的回答是"因为自我设定的权威要求你这么做",现在的回答则是"因为这有利于人类"。这个回答延续了文艺复兴给我们的最大馈赠,即它将人的福祉设定为所有行为的目标。文艺复兴没有将这一理念付诸实践,但由于这个理念在当下结出的果实,我们受益无穷。仅此一点便使文艺复兴成为一个有着独特趣味的时期,即便它没有任何艺术。但是当思想还是鲜活且有影响力的时候,它们几乎一定会找到艺术的化身,正如这样一整个时代确实在绘画中发现的那样,这个特

塞巴斯蒂亚诺·德尔·皮翁博，《扮成智慧圣母的年轻女子》，1501，华盛顿国家美术馆藏

殊时期则在丁托列托的作品中发现了化身。

十五

　　个体的解放对画家的直接影响在于将他从公会中解放出来。现在他突然明白如果撇开出生地或居住地偶然带来的影响，身处可能最适合培养自己才能的画派之中，他或许会变得更为专业，且获得更大的成功。这导致了令人遗憾的折中主义实验，阻碍了不同画派之间纯粹的自然发展。由折中主义引发不同画派融合而成的艺术不再像从土壤中自然涌现的艺术那样吸引意大利人民，而是吸引了一小撮业余爱好者，他们将艺术的知识看作是其社会地位与生俱来的权利之一。然而，威尼斯几乎没有遭受折中主义的影响，也许是因为强烈的个体意识迟迟未到达那里，那时画家已经接受足够的技艺教育，知晓他们在别处已没有什么可学的了。一位成为折中主义者的威尼斯人仍是一位伟大的画家。塞巴斯蒂亚诺·德尔·皮翁博 [Sebastian del Piombo] 受到米开朗基罗的影响，但在大多数案例中这样的影响有害无益，而已经学会以贝利尼、奇马与乔尔乔内风格作画的手是永远不会完全失去对色彩及色调的掌控的。

十六

　　丁托列托虽然待在国内，但他感觉到了自己内心对提香无法教授的某些东西的渴求。他出生时的威尼斯不再是提香年轻时的威尼斯，他的青春期恰逢西班牙迅速成为意大利的女主人。挥之不去且几乎无法抵抗的力量感赋予米开朗基罗的作品令人生畏的魅力，有如一个恶魔般支配着它们。丁托列托感受到了这种魅力，因为他与在巨大躯体与四肢中成形的精神产生了共鸣。他不像那些记载在册的米开朗基罗的追随者，认为这些作品仅是塑造裸像的新模式。

　　但是，除了感受到这种压倒性力量与巨大影响之外，丁托列托甚至在更大程度上感受到的是一切事物都因人类而存在，且与人类有关。在他年轻时，人们又一次转向了宗教，在威尼斯，诗歌的发展超越以往，不仅是因为威尼斯已成为文人们的避难所，还因为印刷书籍的传播。丁托列托喜欢上了宗教与诗歌的新感受，并将其视为与生俱来的权利。

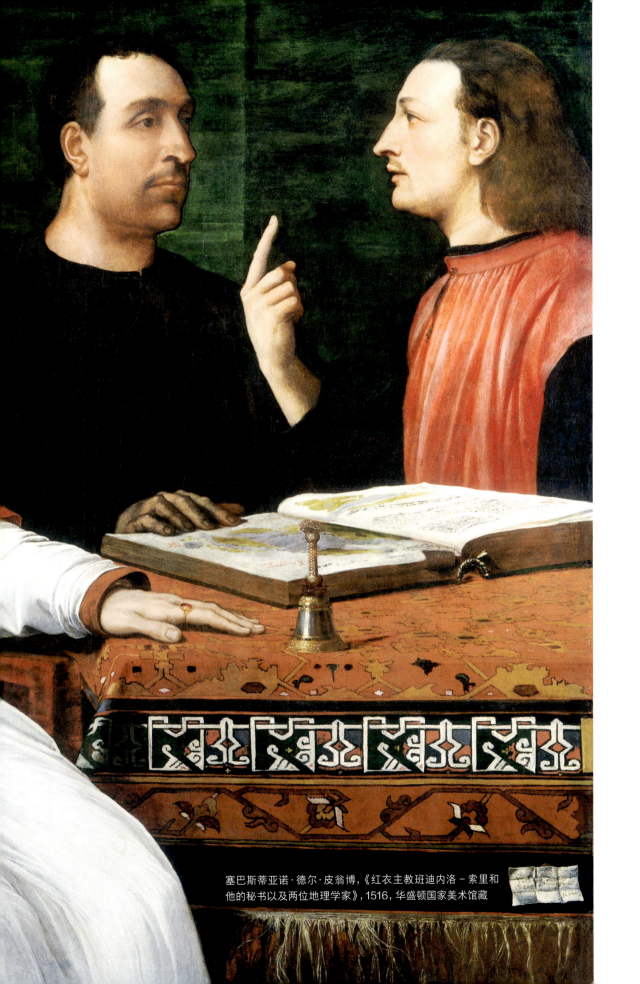

塞巴斯蒂亚诺·德尔·皮翁博，《红衣主教班迪内洛 – 索里和他的秘书以及两位地理学家》，1516，华盛顿国家美术馆藏

但无论他画作的主题是古典寓言或《圣经》情节，丁托列托都以他对故事核心、人类生命的感受为之赋色。他的力量感在庞大的裸体像中的表现，不如在他所画人物容光焕发与无限能量中表现的那样，而在其光影效果中这一点甚至表现得更多，他对此的处理仿佛是任由双手随意变化天空的明暗一般，听凭自己的情绪差遣。

或许可以肯定的是，处理光影与大气时，如果他没有比提香更高超的技艺，是无法做到这点的。也正是这一点使他能够画出如此生动的《圣经》故事与圣徒传奇。因为即使并没有令人满意地处理光与大气也能获得绘画中的现实效果，即使如此现实看上去会令人厌恶，正如许多现代画家试图在作品中描绘普通环境里穿着日常服装的当代人一样。不是"现实主义"使这些绘画丑陋，而是因为它们缺少由氛围带给生活之物的柔和感以及光赋予所有色彩的和谐效果。

正是丁托列托对光影的绝佳掌控，使他能够将灵魂中的所有诗意放入绘画，却从不会引诱我们思考他可能已经发现了更好的语词表达。使圣洛克大会堂中大多数作品活跃的诗意几乎全都关于光与色彩。除了光线之外，是什么将抹大拉与埃及的圣玛丽端坐的独居处，变为诗人们在最愉悦的灵感启发时刻所看到的理想世界？除了光线与色彩，夜晚的昏暗与寒意，以及服从地站在审判者面前的白色身影外，还有什么能赋予《伫立于彼拉多前的基督》[Christ before Pilate] 魔幻般的崇高？同样的，除了光线、色彩、如星列般的天使，还有什么能让《圣母领报》中的现实主义充满令我们彻底震撼的音乐？

对于丁托列托而言，与其说宗教与诗歌并不存在，因为缪斯的爱与教养已被希腊人与罗马人定为任务，而神与圣徒的爱则由教会规定，毋宁说，就像那个时代最优秀的人一样，诗歌和宗教对于人们而言都是实用的。它们帮助人们忘记生命中低劣与卑鄙的事物，使其振奋精神完成任务，并安慰其沮丧的心情。宗教回应了人类心灵永存的需求。《圣经》已不再仅是解释基督教教义的文献。它在某种程度上是一系列的寓言与象征，始终指向一条通往更加美好高贵生活的道路。那么为何还要继续将基督与圣徒、主教与先知绘制成身穿罗马宽外袍、漫步在古罗马浅浮雕风景中、生活在罗马法规下的人呢？基督与圣徒、主教与先知化身为活生生的行为准则与理念。丁托列托对此深有体会，以至于他不能不将他们看作自己的同类，在丁托列托和他的同胞容易理解的环境中生活。诚然，《圣经》名人与圣徒的外貌、穿着与生活环境越是明白易懂且为人熟悉，他们体现的行为准则与思想就越深入人心。所以丁托列托毫不犹豫地将《圣经》中的每一个情节转化

雅各布·丁托列托,《圣母领报》,
1583—1587, 圣洛克大会堂藏

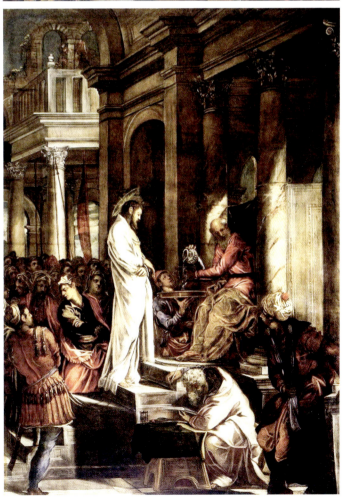

雅各布·丁托列托,《伫立于彼
拉多前的基督》, 1566—1567,
圣洛克大会堂藏

雅各布·丁托列托，《暴风雨降临在运送尸体的亚历山大港街道上》，1562—1566，威尼斯美术学院画廊藏

为在自己眼皮底下发生的画面，并且不会掺杂自己的情绪。

　　尽管当时流行纤细优雅的人物形象，但丁托列托对人物外形的构想确实庞大，好像在抗议身体的力量与结构。这极大程度上影响了他对女性形象的塑造，但他令人震惊的真实感、宽笔触和力量感必定影响了同时代的人，而他的大部分作品至今仍发挥着影响。因此，在布雷拉的《圣马可遗体的发现》[*Discovery of the Body of St. Mark*] 以及威尼斯皇宫的《暴风雨降临在运送尸体的亚历山大港街道上》[*Storm Rising while the Corpse is being Carried through the Streets of Alexandria*] 中，尽管人物外形庞大，但在运动中精力

雅各布·丁托列托，《最后的晚餐》，1592—1594，圣乔治马焦雷教堂藏

雅各布·丁托列托，《圣马可遗体的发现》，约 1562 年，布雷拉画廊藏

充沛又灵活，透视、光线与大气达到了与巨大人物水准一致的效果，以至于眼睛立刻适应了这样的尺寸。你也仿佛具有英雄们的力量与健朗。

十七

现实感促使伟大的画家将一幅画看作大气立体空间里容纳物的再现，它笼罩着所有被描绘的物体，这种现实感也使画家们认识到一定量的大气必然包含了艺术家创作需求之外的其他物体。他可以自由地将它们排除在外，但他一旦这样做，就很难创作出真实的效果。眼睛看不到所有事物，但眼睛看到的所有事物都必须与主要物体一道被绘制，否则绘画看上去将不栩栩如生。将小插曲与主题并行而不作为其中的某一部分，这种并置处理是现代艺术区别于古代艺术的主要特征之一，正是这一点使得伊丽莎白女王一世时期的戏剧如此不同于古希腊戏剧，也是这一点令杜乔与乔托的作品有别于古代的造型艺术。绘画自愿帮助考量次要情节，因此，几乎与小说一样与现代生活联系了起来。这样处理方式将绘画从精致且冰冷的外表中解救，正如光线与大气将它从刻板与生硬中解救一般。

在意大利大师中，没有什么能比圣洛克大会堂丁托列托的《上十字架》[Crucifixion]更好地说明这一点。这幅画场景宽广，尽管基督已被钉上十字架，但他的生命还未终止。对于聚集在那里的大多数人而言，正在发生的不过是一场普通的处决。他们中的许多人只是把它当作一个单调乏味的任务来看待。另一些人则做着与基督受难多少有关的琐碎工作，就好像完工前哼着歌的修鞋匠一般毫不在意。在巨大的画布上，多数人物都被再现为对基督没有太多的个人情感，毫无疑问，他们在生活中也是如此。基督的朋友们被绘制得满是悲痛与绝望，但是其他人则允许随意地流露情感。画家并未试图赋予他们合适的情绪。如果当今伟大的小说家想描述基督上十字架，例如托尔斯泰，他的行文读起来会和丁托列托的画面描述一样。但丁托列托更一视同仁，不止是让所有观者对他们自己认为是有史以来最伟大的事件感到高兴。在这群人中，他让天堂之光照耀坏人与好人，让空气同等地使他们精神振奋。换句话说，这张巨大的画布便是一片空气与光线的大海，画中的场景出现在海洋的底部。如果没有大气与光线的恰当分布，哪怕人头涌动、充满活力，它看起来仍会毫无生机且荒凉，如同干涸的海底一般。

雅各布·丁托列托,《上十字架》,1565,圣洛克大会堂藏

十八

当所有这些都在进步时,肖像艺术也未停滞不前。它的流行只会随着岁月的流逝而日益增长。提香太过忙于外国贵族的委托,以至于仅是威尼斯本土的巨大需求都无法满足。丁托列托绘制的肖像不仅带有提香肖像画中良好教养的神态,甚至更为华丽,完成的速度也令人吃惊。人们会记得,威尼斯肖像画有望超越形似。它有望给眼睛带来愉悦感,并激发情感。丁托列托愿意充分地满足所有这类期望。他的肖像画尽管不如洛托般富有个性,也不如提香般细致地研究人物,但他常常将一个人描绘成最好的样子,红光满面且充满生机与决心。它们给我们带来了从宝石中获取的感官愉悦,与此同时还让我们惊讶地回望一个国度,那里人类的活力能够孕育出丁托列托大多数肖像画中再现的那种老人。

丁托列托终结了威尼斯画派兴起的普世趣味,因为尽管绘画不会在一天之内退化,也不会在同样短暂的时间中成熟起来,衰退的故事没有任何成长的魅力。但我们仍需提到几位艺术家,他们不属于严格意义上的威尼斯画派,但常被包含在内。

十九

威尼斯行省不仅通过统治的力量相维系,在语言和感受,以及同等程度的国家管理上,他们都在意大利半岛中建立了独特的集体。在文艺复兴时期的意大利,绘画确实是

雅各布·丁托列托《威尼斯参议院肖像》
1575—1580，爱尔兰国立美术馆藏

本土产物，就像他们的语言和情感模式一样，各行省的艺术与威尼斯的艺术有着同样密切的关系。但必须立即区分如维罗纳这样的城镇与维琴察和布雷西亚这样的城镇之间的区别，维罗纳画派有着与威尼斯画派同样漫长的发展时间与独立的演变进程，而像维琴察和布雷西亚这样城镇的首席画家们，他们的发展则从未完全独立于威尼斯或维罗纳。除了处于最佳状态的时候，布雷西亚的罗马尼诺 [Romanino] 与莫雷托 [Moretto]，甚至维琴察有影响力的曼泰尼亚通常都比威尼斯人——即完全在威尼斯受教育的画家——少了很多愉悦感，造成这一点的原因即他们与之后折中主义的共同之处。他们对自己的艺术心神不宁，而这已不再是天性冲动毫无预谋的结果了。他们在威尼斯与维罗纳看到了比自己作品更伟大的绘画，而他们自己的作品也经常显示出采用这种伟大之物的笨拙尝试，结果则是色彩的夸张程度甚至超过了形式，这也说明了匮乏的趣味即地方风格不可磨灭的印记。但是也有不带维琴察与莫雷托画派传统的威尼斯小镇，如果你想要在那里学习绘画，则不得不成为乔凡尼·贝利尼徒子徒孙的学徒。这在尤利安阿尔卑斯山脉到大海间绵延平原上为人熟知的弗留利小镇那里尤为真实。弗留利诞生过一位有着非凡才能与巨大影响力的画家——乔凡尼·安东尼奥·波尔代诺内 [Giovanni Antonio Pordenone]，但他的才能、影响力甚至之后在威尼斯的学习都无法抹去他从第一位受教的行省老师那里继承的地方风格。

然而，像这样的艺术家从未在首府受到过热烈追捧。当威尼斯的力量减弱时，也像衰退中的罗马一般开始吸收行省的天才，被威尼斯吸引来的艺术家要么如保罗·委罗内塞这样，尽管他的艺术独立发展，但如威尼斯的艺术一般很容易被人理解，或者是像巴萨诺父子一样带来全新的风格。

二十

保罗是维罗纳第四或第五代画家的产物，他之前的两代画家以一种其他艺术家从未用过的方式说出了全体民众的语言。因此在文艺复兴早期，意大利北部没有画家，甚至在佛罗伦萨也只有极少数画家没有受到维罗纳人的影响。但直接影响保罗的前辈已不再能说出全体民众的语言。他们完全忽略了一个阶层，一个提香与丁托列托强烈吸引的阶层，这个阶层以新的方式进行统治与思考。维罗纳作为威尼斯的属国，没有统治权，且

乔凡尼·安东尼奥·波尔代诺内,《圣文德》,英国国家美术馆藏

完全不会像威尼斯那样思考太多,那里的生命维持着健康、单纯、无意识且不被世界感受中即将来临的暴风雨侵扰。尽管思想与情感对一个小镇的侵扰或许是缓慢的,潮流却快速地到达了那里。西班牙的衣着时尚与风俗礼仪很快就传到了维罗纳,在保罗·卡利亚里 [1] 身上我们发现了所有这些潮流的反映,但也有健康、单纯与无意识。这些看似相反的品质形成了他于今日对我们产生吸引的巨大魅力,这必然证明对于当时的许多威尼斯人而言是极具吸引力的,因为他们已经离单纯足够遥远,能够充分欣赏他以近乎孩童般自然天成的感受,将庆典与壮丽景色完整且极为快乐地结合。也许他最炽热的欣赏者正是那些最欣赏提香的独特与丁托列托的诗意的人。但令人好奇的是,保罗的主要雇主

[1] 保罗·委罗内塞的别名。(编者注)

保罗·委罗内塞，《利未屋中的盛宴》，1573，威尼斯美术学院画廊藏

都是修道院。他的开朗、直率且欢乐的世俗性，总而言之，我们在他巨幅宴会图中发现的那些特质似乎备受他们的青睐，虽然这些人制作的饮食常被期待为相反的特质。这不是关于时代的简短评论，而是表明文艺复兴精神的渗透是何等彻底，甚至连宗教团体都放弃了禁欲主义和虔诚的伪装。

二十一

如果威尼斯绘画完全忽略了乡村，那么它将不会是更为成熟的文艺复兴的完整表达。城市人对乡村有一种天然的热爱，但令人怀疑的问题是，一个人如果冒险离开城镇，是否还会回来，正如中世纪的情况那样，这样的爱并没有自我展示的机会。只有等到乡村本身对旅人来说是安全的，意大利才会出现逐渐服从于相邻城市统治的乡村以及文明的普遍进步。在文艺复兴时期，拉丁文作家极大地推动了对乡村及其愉悦感的热爱。凡是伟大的古罗马人推荐的事情，意大利人都会毫不迟疑地采纳，尤其是在这种情况下，当这些事情与对自然倾向和已经普及的做法相协调时。对于那些能退隐别墅，度过一年中大部分时光的人来说，这很寻常。古典诗人帮助这些意大利人欣赏乡村的单

保罗·委罗内塞，《加拿的婚礼》，1562—1563，罗浮宫藏

纯，感受它的美丽。许多人非常喜欢乡村生活，以至于他们希望在城里也能看到这种生活的影子。或许是为了回应这种不成熟的愿望，帕尔马开始绘制《神圣对话》[Sante Conversazioni]——一群圣徒在美丽风景中聚集于宜人的树下。他的学生博尼法齐奥延续了相同的路线，却逐渐抛弃了传统的圣母与圣徒群像，并以《富人的宴会》[The Rich Man's Feast] 或《发现摩西》[The Finding of Moses] 这样的标题绘制了当时流行的乡村生活的所有场景，别墅阳台上的音乐、狩猎聚会以及森林中的野餐。

博尼法齐奥的学生雅各布·巴萨诺 [Jacopo Bassano] 也喜欢绘制乡村场景，但他并不局限于再现身处庭院的城市人。他为集市小镇上的居民作画，而他的名字正取自那个地方，其中你们仍能在门内看见穿着乡村服饰的男女，俯身靠近他们多彩的商品；而在画中的墙外，你可以看到所有与农耕、放牧相关的普通工作。为《圣经》故事提供现代版本的新想法启发了巴萨诺，尽管他是无意识的，但几乎将巴萨诺街道以及屋外的乡村生活情节引入到他每一幅画作之中。甚至连他笔下的俄耳甫斯都成了农家少年，正在向谷仓前空场地上的鸟儿演奏小提琴。

巴萨诺两个儿子的作品沿袭了他们父亲的创作，都在威尼斯及其他地方受到极大好评，因为他们无意之中呈现了简单的乡村生活，随着城市中私人生活变得愈发时髦与隆重，这种生活的魅力似乎越来越大。但是这并非他们仅有的魅力。正如教会已经教导人们将绘画理解成一门语言，对画面暗示所有令人愉悦之物的爱适时地引发了将这门艺术作为其目的的爱。这门艺术没有明显的装饰或暗示作用，但通过对光影的巧妙处理，以及色彩的固有之美，给人带来愉悦。因此，16 世纪的前四分之三见证了绘画发烧友的诞生，巴萨诺家族以特殊的方式吸引了这个阶层并因此获得巨大成功。在威尼斯，人们长期以来都对物品的感官之美情有独钟。较早时候，威尼斯人使之臻至完美的艺术中几乎没有任何思想方面的内容，每件事物都有如宝石或蛋白石一般的色彩。威尼斯玻璃既是威尼斯人对感官之爱的结果，也反过来持续激活了这种感官之爱。例如教皇保罗二世是一个威尼斯人，他对珠宝的色彩与光芒是如此喜爱，以至于常常欣赏并触摸它们。因此，当绘画已经不再依赖教会之时，甚至不再被人期待具有装饰性，而是纯粹为愉悦感而被使用之时，人们期盼绘画带给他们与宝石及玻璃相同享受的时光还未远去。在巴萨诺的作品中，这样的趣味得到了满足。他的大部分绘画作品似乎先是耀眼的，随后冷静且平稳下来，如同最好的着色玻璃一般。细节的敷色，尤其是那些高光下的色彩如同宝石，

帕尔马·韦基奥，《神圣对话》，1516—1518，波兹南国立博物馆藏

像红宝石与祖母绿一般清澈、深邃与令人满意。

在说明提香及丁托列托的光线与大气，还有他们对现实生活的处理之后，几乎不需要再多加叙述的是，巴萨诺在这两方面的处理甚至更为熟练。如果不是这样，那么他所处时代的绘画爱好者与今天的我们就不会像现在这样喜欢他的作品。画中再现的生活阶段甚至要比丁托列托的绘画更为谦卑，而且如果没有光线与气氛的补偿效果，它们不会

博尼法齐奥·委罗内塞，《发现摩西》，布雷拉画廊藏

博尼法齐奥·委罗内塞，《富人的宴会》，1540，威尼斯美术学院画廊藏

雅各布·巴萨诺，《天使报喜》，1555 或 1556，华盛顿国家美术馆藏

雅各布·巴萨诺,《三王来拜》,16 世纪 40 年代早期,苏格兰国家美术馆藏

比不太重要的荷兰画师的廉价作品更令人愉快。必须要补充的是,如果巴萨诺没有像宝石一般的色彩,他的作品往往不会比滕尼尔斯 [Teniers] 的作品更令人快乐。

　　巴萨诺不可能失败的另一件事情便是绘制风景画,正如他在乡村为农村居民所做的那样。他不得不画真实的乡村景象,他在处理光线与大气方面的技艺好到足够使其能够较好地完成这项工作。巴萨诺实际上是现代首位风景画家。提香、丁托列托与乔尔乔内,甚至在他们之前的贝利尼与奇马都曾绘制过美丽的风景画,但这些作品很少是直接取自自然的习作。它们是富有装饰性的背景,或者是画宗教与人文元素完美和谐的附属物。他们总能画出宏伟且有效的线条——配得上主题的环境。巴萨诺画的乡村版《圣经》故事不需要这样的环境,农村生活习作甚至更不需要。对于这类绘画而言,乡村本身就是最好的背景,且可能是最佳陪衬——事实上,也是唯一令人向往的。因此,巴萨诺在不知晓且没有刻意为之的情况下成为第一位尝试如实描绘乡村的意大利人,而不是把它布置得看似场景一般。

OPVS DOMINICI
TINTORETTI

多梅尼克·丁托列托,《忏悔的抹大拉》,1598—1602,卡比托利欧博物馆藏

二十二

然而，如果巴萨诺的才能仅仅吸引了那时候的收藏家，他几乎不会激起我们对他的强烈兴趣。我们喜爱他主要是因为他拥有伟大艺术的诸多基本品质——忠于生活、浑然天成。他还有着另外一种趣味，由此开辟出的道路最后终结于委拉斯贵兹。确实，威尼斯画派的魅力之一便是它对那位西班牙大师的影响远超其他所有人。委拉斯贵兹最早是巴萨诺的追随者，但在钻研委罗内塞、丁托列托与提香多年以前，他风格都还未成型。

二十三

巴萨诺对收藏家的吸引仅是偶然。他确实没有为他们工作。追随他与丁托列托的画家不再像委罗内塞那样自然流露般创作，也不会像提香与丁托列托那样为整个智性阶层服务，而是为自傲于鉴赏家身份的人作画。

作为意料之中丁托列托的追随者，小帕尔马 [Palma the Younger] 与多梅尼克·丁托列托在起步时期已足够优秀，但他们不久便意识到自己远逊于之前的大师，且无力超越，便退回到绘制丁托列托与提香被证明最受欢迎作品的变体画中。所以他们的作品令人想起这两位大师，但只显示出他们自身的不足。帕多瓦尼诺 [Padovanino]、利贝里 [Liberi] 与皮耶罗·德拉·韦基亚 [Pietro della Vecchia] 甚至档次更低，他们在希望获取的远方市场无耻地仿造了一些画作，这些画作被认为是提香、委罗内塞与乔尔乔内的作品。它们并非全都令人不快。有些伟大作曲家创作的曲调即便被编入三流作曲家的作品中，依然为我们所爱。

二十四

但是威尼斯绘画注定不会在无人问津的情况下死去。18 世纪，在共和国完全消失之前，威尼斯诞生了三四位画家，他们至少可以与那个世纪最优秀的画家齐名。威尼斯公国的构成仍未改变。盛大的庆典仍在举办，威尼斯仍是世界上最辉煌、最奢华的城市。如果辉煌与奢华是空虚的，那么它们不比欧洲其他任何地方更空虚。18 世纪的力量源自

帕尔马·乔凡尼，《耶稣受难》，1579，果园圣母堂莫罗西尼小教堂藏

巨大的自信和对周围环境强烈的满足感。它是如此的自我满足，以至于无法再梦想为了超越自己而奋斗。每一件事情都恰如其分，似乎也没有什么大问题，没有什么问题是不受迷信束缚的人类智慧无法即刻解决的。因此每个人都在节庆的氛围之中，这个世纪关于娱乐与轻浮的描述几乎与其政治和文化一样多。没有空间留给巨大的差异。在贵妇的聚会中，发型师与裁缝像哲学家和政治家一样受到重视。人们对自己的职业与整个生活感到快乐，而且无论他们因何愉悦，都会在艺术中表现出来。对绘画的热爱绝不会在威尼斯死亡，而隆吉 [Longhi] 则为热爱绘画的威尼斯人描绘了他们在普通家庭与上流社会的生活。在理发场景中，我们听见了戴假发的理发师的流言蜚语；在制衣场景中，女仆

帕多瓦尼诺，《俄耳甫斯与动物》，1601—1650，普拉多博物馆藏

利贝里,《云中的维纳斯与丘比特》,威尼斯雷佐尼宫藏

皮耶罗·德拉·韦基亚,《潘多拉的盒子》,威尼斯雷佐尼宫藏

隆吉,《煮锅游戏》,1744,华盛顿国家美术馆藏

喋喋不休；在舞蹈学校中，小提琴琴声悠扬。任何地方都没有悲痛的音符。每个人穿着正装、跳着舞、弯腰行礼、喝着咖啡，好像世间没有其他事情是他们想要做的。一种高级礼仪、极为精致的色调与无处不在的欢乐相结合，使隆吉的画作有别于贺加斯 [Hogarth] 既残酷又充满变数预兆的作品。

二十五

威尼斯并未在衰败中变得不美丽。安康圣母教堂占据着脑海中威尼斯的画面中心，事实上，这座建筑直到 17 世纪才建成。这是威尼斯人热衷为自己描绘的画面，也是外地人想要带走的作品。卡纳莱 [Canale][1] 通过对空间与大气的感受来描绘威尼斯，他熟练掌握了这座城市特有的微妙水雾效果，这使他的安康圣母教堂、大运河与皮亚泽塔广场风景画看上去要比所有曾描绘过它们的画作更像是威尼斯。在这个世纪末，瓜尔迪 [Guardi] 追随着卡纳莱，他以更为如画的眼力完成了许多小景观画，这或许可以被称作为瞬时效果，从而预见到我们这个世纪的浪漫主义与印象派画家。

二十六

尽管隆吉、卡纳莱与瓜尔迪很讨人喜欢，被那个世纪的精神所感染，但他们缺乏力量，没有这一点就不会有真正打动人的风格。他们的同代人蒂耶波洛 [Tiepolo] 则在最大程度上拥有这一品质。他的能量、宏伟感、精湛的技艺，

---

[1]　即卡纳莱托。（编者注）

乔瓦尼·安东尼奥·卡纳莱，《安康圣母教堂》，1740，布雷拉画廊藏

乔瓦尼·安东尼奥·卡纳莱，《从圣马可向多加纳角望去的大运河景色》，18 世纪中叶，布雷拉画廊藏

弗朗西斯科·瓜尔迪，《圣马可广场》，18 世纪 60 年代晚期，大都会艺术博物馆藏

乔凡尼·巴蒂斯塔·蒂耶波洛，《克娄巴特拉的盛宴》，1743—1744，维多利亚国立美术馆藏

几乎使他与 16 世纪伟大的威尼斯画家平起平坐，尽管他从未使人遗忘自己受惠于这些画家，尤其是委罗内塞。他所绘制的宏大场景与那些前辈的区别不仅在于手艺上稍逊一筹，更大的不同在于他缺乏单纯与真诚，而这是保罗不会缺少的特点，无论他描绘的事物多么令人骄傲。蒂耶波洛的人物都是傲慢的，仿佛他们觉得要想牢牢抓住自己的尊严，就一刻也不能从不朽的外观和气质中放松自己的脸和身体。尽管他们举止得体，穿着华丽，看上去偶尔也是极为令人愉悦的，但他们明显感觉自己高人一等，以至于不好相处。正是蒂耶波洛对世界的想象出了差错，且这仅因为世界本身出了问题。保罗看到的世界只被西班牙宫廷的时尚所触动，而蒂耶波洛则生活在那些心灵被无尽的傲慢所玷污的人

乔凡尼·巴蒂斯塔·蒂耶波洛，《维尔切拉之战》，1725—1729，大都会艺术博物馆藏

群之中。

　　但蒂耶波洛对力量、运动与色彩的感觉已好到足够带给艺术新的刺激。有时与其说他是最后一位老大师，不如说他是第一位新大师。他留在西班牙的作品极好地解释了戈雅 [Goya] 时期该国绘画的复兴，而戈雅则对我们这个时代许多最好的法国艺术家产生了巨大影响。

二十七

　　因此，威尼斯绘画在其完全消亡之前，再一次发散出强烈的光芒，足够点燃至今仍稳定燃烧着的火炬。诚然，威尼斯大师最吸引人之处正是他们的现代性，我指的是，他们带给我们的感受与今天的艺术一脉相承。我们已经看到威尼斯画家是如何在两个不同时刻刺激西班牙人的，西班牙人转而对现代绘画产生了异乎寻常的影响。尽管这不是我的目的，但同样容易展示出的是十七八世纪的其他画派，如鲁本斯 [Rubens] 引领的弗兰德斯人、雷诺兹 [Reynolds] 引领的英国人，在多大程度上得益于威尼斯人。我努力想要说明这个画派的某种吸引力，尤其是展现它对文艺复兴思想与情感的紧密依赖。这也许是对它最大的兴趣所在，因为它完整地表达了更为成熟的文艺复兴精神，有助于我们更深入地了解这段本身便具有青春魅力的时期，这使我们尤为着迷，因为鼓舞着我们的精神与那个时代更完美的精神极为相像。我们也拥有无边无际的好奇心，对人类的能力也有一种近乎迷醉的感受。我们同样坚信人类拥有伟大的未来，且没有事物碰巧会抑制住我们探索的喜悦和对生命的信仰。

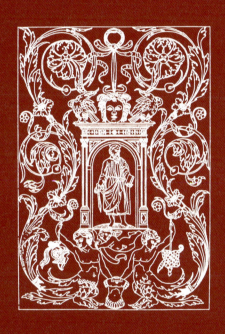

意大利北部画家　艺术的衰退
（1907 年初版）

The North Italian Painters
The Decline of Art，1907

一

　　在中世纪意大利艺术的成功与失败中，意大利北部绘画占有一席之地。它被杜乔散发出的拜占庭光芒点燃，又像亚平宁半岛上的其他地区一样，被乔托的天赋激活。米兰、维罗纳与帕多瓦版图上许多不知名的神龛至今仍留存着众多壁画，它们的趣味不输同时代佛罗伦萨与锡耶纳壁画装饰的平均水准。但没有一个令人印象深刻的艺术名家在阿尔卑斯山、亚平宁山脉与海洋之间的广袤区域中出现，直到 14 世纪后半叶维罗纳的阿蒂基耶罗·阿尔蒂切里 [Altichiero Altichieri][1] 开始践行他的艺术。

　　他在家乡留下唯一可观的残片，那是圣阿纳斯塔西娅教堂中的壁画，画中卡瓦利家族的三位绅士被他们的赞助人圣徒带领至圣母面前，这确实是 14 世纪后半叶极少数的几件伟大艺术作品之一。赋形的极度简洁、服装如纹章般的华丽、庄严的圣人、令人印象深刻的圣母与天使们清秀的脸庞，都让其画家的地位在佛罗伦萨本土乔托的追随者中无人能及，甚至不亚于奥卡尼亚——他与阿尔蒂切里有着出人意料的相似度。让我们不禁想到乔托的种子在这里发现了一处更为肥沃的土壤。但在帕多瓦的壁画前，热情有所减弱。诚然，它们的色彩拥有佛罗伦萨绘画在相同岁月中的每一个优点：它们更为华丽，融合得更好，总体上更为和谐。同样，在赋形上常常除了奥尔卡尼亚的作品之外，没有任何一件同时代托斯卡纳艺术家的作品能有其卓越之处。但两相对比，它们的所有优点却会令人失望，因为托斯卡纳的事物还未足够伟大到只拥有才能而没有缺陷。

　　至于他们在维罗纳壁画的描述中还未被人指出的品质，是由故事的清晰、有效果的群像与优美的远景构成的。构图与面部类型是如此的清新与难忘，以至于只要维罗纳艺术仍值得被称作一门艺术，那么它们便能在其上留下印记，并为帕多瓦，甚至是威尼斯提供以各自画派最令人钦佩的运动。人们以卡纳莱托所钟情的精确处理建筑，而透视法，尽管天真幼稚且不精确，但少有欠缺。肖像头像除了富有活力、简单明确与高贵之外，个性化也达到了那个时代形式所允许的最高限度，而在这般直接观察的馈赠之中，艺术

---

[1]　不幸的是，本土被认定归属于他的大量作品已经毁灭，而他在帕多瓦的两幅环形壁画的参与程度仍不确定。他的同乡人德·阿凡齐 [D'Avanzi] 与其一道创作，想要将这一小部分归属于一个人，另一部分归属于另一个人的努力都是徒劳。毫无疑问，他们才能上的区别微乎其微，但具有启发性灵感且指导的精神是属于一个人的，那人肯定是阿尔蒂切里。对于我们现在的目的而言，桑托 [Santo] 与圣乔治邻近教堂中的壁画或许可以算作是他的。

家们还加入了处理所见事物的力量，且这样的力量只被乔托一人超越。

但阿蒂基耶罗结合了这些才能与 14 世纪之后那些画家的许多缺陷，后者从未以别的方式接近过他。他有着后者对服装与装饰夸张的热爱、在琐碎细节中感受到的快乐，以及对地方色彩的成见。他不够卓越，无法给人留下深刻的印象，且不懂精神意义。附属物将他深深吸引，所以生活强加于最庄严事件上的滑稽琐事在其手中有时会比主要人物受到更为温柔的处理。因此，虽然他善于绘制群像，但太过热衷于细节而把构图塞得太满。而在乔托、西蒙·马提尼或奥尔卡尼亚最好的构图面前，不止一个人物有着令人快乐的空间，能让你更为轻快与自由地呼吸。阿蒂基耶罗将基督上十字架消减成为某个从市场场景不远处移来的景象，观者面临忘记十字架上人物的危险，因他将注意力集中在那舔舐沟渠中水的狗，一个带着任性小孩的俊俏主妇，或者一个正擦着鼻子的年老妇女身上。这位艺术家对最高级的艺术秩序是如此漠不关心，以至于他总是为当时正在逝去的风格而将其抛弃。这些风格中有一个便是在当代服装中感受到的快乐，阿蒂基耶罗根据这一点来为其人物着衣，以给人留下的深刻印象换取艳俗服装。尽管他像是为了证明自己真的更了解服装一般，而总会以衣褶盖住主角，无论这些人物是以乔托最宏大风格的丰富、简约与轻盈绘制的圣乔治、圣路西还是圣凯瑟琳。当时的另外一种风格即被称作为"地方色彩"的风格，关注时间与地点的显著特征。正如近乎所有神圣故事以及许多传奇故事都有着东方国度的背景，阿蒂基耶罗没有错失任何机会，引入卡尔马克人的脸庞与那个时代最显著的东方式鞑靼征服者的辫子。如果当时的宗教裁判所像两百年之后那样事事干涉，那么维罗纳首位伟大的画家或许会像这个画派最后一位大师那样，不得不在宗教法庭上回答同样多、同样有根据的指控。人们记得的是，保罗·卡利亚里 [Paolo Caliari] 被送上审判席是因为他的《利未屋中的盛宴》[*Feast in the House of Levi*]——他对这个主题的处理要比阿蒂基耶罗更不严肃——填满了侏儒、鹦鹉与日耳曼人。

我需要重复的是，阿蒂基耶罗的错误或许在托斯卡纳容易匹配，而不易与其才能相结合。坚持这一观点是有价值的，因为我们会发现它是大多数意大利北部画家都具有的典型特征。他们容易精神失调，发现固守一种道德与情绪氛围是困难的。他们的手要比脑更为活跃。人们几乎会认为其群像处理方式的绘画确实如所有描绘北部人民的作品一样，是一种本能反应，而非排除法式的变体智慧。它以某种方式确定了如此普遍化的真相，即我们可以毫无困难地假设阿蒂基耶罗与保罗改变地点，而我们永远不会知晓其中的区

阿蒂基耶罗·阿尔蒂切里,《卡瓦利家族成员朝拜圣母》,1370,维罗纳圣阿纳斯塔西娅教堂藏

阿蒂基耶罗·阿尔蒂切里,《耶稣受难》,1378—1384,帕多瓦圣乔治大教堂藏

别。换言之，阿蒂基耶罗在 16 世纪便会是保罗，而保罗在 14 世纪便会是阿蒂基耶罗。

二

当阿蒂基耶罗几乎还未停止用中世纪生活的浮华与境况来覆盖墙面空间时，他在文艺复兴时期更知名的追随者维托利奥·皮萨内洛就接手了他的任务。这位艺术家的大部分作品（实际上是所有他为大房子与公共的华美空间所画的装饰）都已毁坏。甚至时至今日，在努力收集他散落的艺术作品之后，也只有六幅绘画作品被人发现：两幅壁画、两幅神圣主题绘画以及两幅肖像画。因为，他作为画家的名声已被其纪念章铸造者的名声所遮盖。诚然，自古希腊工匠为自豪的城邦铸造钱币时起，就从未有过这样以纤细画创作精密浮雕的铸工。但皮萨内洛从未在上面署过自己的名字，只在旁边加了"PICTOR"[皮克托]的字样，他是作为一名画家获得王公的薪酬以及诗人们的吹捧的。

尽管他比自己的老师更现代，但他的绘画作品中没有什么能使王子与诗人，甚至是稍不那么尊贵的人群感到惊奇的，毫无疑问，当时和现在一样，这些人的艺术教育包含了对某种图画喜爱的肯定，那是他们的眼睛在幼年与青年时期逐渐习惯的绘画。皮萨内洛尽管可以算得上是文艺复兴时期的伟大天才之一，却无法打破往昔的桎梏。诚然，他超越了阿蒂基耶罗如同阿蒂基耶罗超越了自己的先驱一般，但他没有表现出任何意图或精神上的本质区别。某些进步是必然的，因为一位天才来之不易的地位仅是下一位天才的起点。阿蒂基耶罗已经注意到了物体的外观，皮萨内洛则观察得更仔细；阿蒂基耶罗能够刻画特征并使其个性化，皮萨内洛同样可以做到，但更为精细；阿蒂基耶罗能够相当好地处理远景，皮萨内洛的塑造则有着更好的效果。但他并没有表现出革新者笨拙的努力，他有着高贵血统末代子孙的精致与优美。在他身上，艺术革新造就了一位画家，他非常乐意为社会变革的平行产物——骑士精神的夕阳举起一面理想化的镜子。不足为奇的是，他与同类型的詹蒂莱·达·法布里亚诺一道被富人与贵族雇用，还被选中继续从事翁布里亚宫廷的工作。

在皮萨内洛的六幅绘画中，有五幅是专门为宫廷所作的，它们的主题见证了他对朝臣生活方式的兴趣。维罗纳圣阿纳斯塔西娅教堂的壁画首先是一场骑士盛会，小个子的圣胡伯特便是一个像猎人般的骑士；在伦敦英国国家美术馆的另一幅绘画中，主要人物

维托利奥·皮萨内洛,《圣母领报》,约 1433—1438,圣费尔莫马焦雷教堂藏

便是骑士圣乔治,他身穿节日服饰站在骄傲的战马旁边。皮萨内洛的莱奥雷诺·德·埃斯特必然是一位伟大的绅士,而那幅女性肖像画如果少一些居高临下则仍是一位伟大女性的画像。仅有一件作品有着不那么明显的宫廷风格,那是一幅《圣母领报》,而那时候距离米开朗基罗的追随者们打破传统,将谦恭的犹太少女变成高傲公主的时代仍相去甚远。但这幅构图也有圣乔治与圣米迦勒这样的骑士形象为之加冕,他们是骑士精神最喜爱的圣徒。

对皮萨内洛的作品进一步地研究将会揭示他离感受到真正的意大利文艺复兴灵感有多遥远。在圣费尔莫教堂的壁画中,我们恰好看到圣母双手交叠放在大腿上,其类型、姿态与轮廓明显不是意大利式的,尽管没有什么要比报喜天使的颔首行礼更符合中世纪的意大利传统，他收拢巨大的翅膀、头发飘逸、穿着拖地长袍。圣母的房间有精致的哥特式穹隆、挂毯与其他物品，让人想起同时代遥远的布鲁日绘画，圣乔治与圣米迦勒则使人想起阿蒂基耶罗。

圣阿纳斯塔西娅教堂两面墙壁的壁画都有着哥特式的拱门，这样的高度只有远超普通尺寸的人物才能让地面上的观者领略其效果。就此目的而言，不仅壁画人物本身太小，而且画家也没有尝试将其分成清晰的群像，或者将其从背景中清楚地分离出来。艺术家没有任何关于构图的思考，也不知道如何提炼高贵行为的意义。因为画家想要放入现成的材料，画面的布置便全然不顾主题的需要。右侧部分没有任何事物（从未与其他部分有任何完整的联系，而现在几乎是不可见的）违背圣乔治与特拉比松公主的故事主题。我们看到一位骑士正准备骑上马。为了展现这位大师对短缩法的精通，他的马背对着我们，出于相同原因，侍从的马则近乎是正脸，这两匹马之间站着一个侧面像的女子，面无表情，一动不动，穿着长裙。她就像一位伟大女性的标准形象，头像则是一幅肖像。前景中的狗并无不妥，但那只同样显眼的公羊只能解释为皮萨内洛屈服于一种无法抗拒的渴望：想要展现他画得有多好。中景处的矮山半隐着一组像婚礼蛋糕般的哥特式宫殿群石雕花纹，甚至连那时候的威尼斯人可能都会犹豫是否要将其竖立在他们的运河边。一队骑在马背上的骑士从大门内骑行而出，其中一个的侧面明显是一幅肖像，其他人则如建筑与圣乔治的头一般，但阿蒂基耶罗的创造有了更新。在这些骑士的上方，两个无赖悬挂在高高的绞刑架上，远处是一座高耸的悬崖，在其掩护下一艘船正扬帆驶向岸边。一片以丘陵海岸为界的水面延伸到了尖拱门上，而壁画就画在这个拱门之上。在拱门的另一边的前景中，一只死龙躺在大量昆虫中间。现在这些生物几乎都被完全抹去了，站在地面往上看，常人的眼睛永远看不到这些生物，但它们仍是以博物学家的精确与微型画画家的细致绘制而成。事实上，这幅精美壁画是一位微型画画家的作品，并未考虑教堂地面上的观众，而是作为可能覆盖一整页弥撒经书的彩饰书稿的绘制者。

我们会在英国国家美术馆皮萨内洛的两件作品中发现同样有进步的中世纪特征，它们的尺寸碰巧都比微型画略大一点。其中一幅画中，圣修伯特衣着高贵，骑在一匹华丽装饰的马上，在他的狗与猎犬中间，他遇到了一头安静站立的雄鹿，鹿角之间是十字架上的基督像。愉快的猎人举起手，但并没有流露出其他情绪：牡鹿眼中有着更为合适的表情。在他们的四周散落着不可思议之景，岩石与树木，田野上每一朵鲜花与每一头野

维托利奥·皮萨内洛,《圣乔治与公主》,1436—1438,维罗纳圣阿纳斯塔西娅教堂藏

维托利奥·皮萨内洛,《有圣尤斯塔斯的远景》,1436—1438,英国国家美术馆藏

兽，空中的每一只鸟儿，每一个都以博物学家的精确观察与微型画画家的优美触感绘制。细节有无限之美，每只鸟兽的外形与结构都被塑造得很好，只是没有他们特有的动作那样令人钦佩。眼睛可以在它们身上永久停留，被艺术家的感受俘获，他的一项"天职即无尽的模仿"。如果这确为艺术的全部，那么这便是至高无上的艺术。

英国国家美术馆的另外一幅画再现的是圣母出现在太阳之中，在荣耀的光芒中立于黑暗的树林之上，圣乔治与圣安东尼·阿伯特正站在她下面。极其简约的构图与光线产生了高贵且鼓舞人心的效果；但在此处我们的注意力再一次被引向骑士的银质甲胄、他草帽的惊人细节与纹理，还有熊的凶猛力气与龙的纹章。

皮萨内洛的两幅肖像画讲述的故事没有什么区别。毫无疑问的是，贝加莫莫雷利收藏中的《莱奥内洛》[Leonello] 与罗浮宫的《埃斯特公主》[Este Princess] 都巧妙且充分地刻画出了人物的特点，其中一位是天生的统治者，另一位则是血统高贵又彬彬有礼的少女。但在这两幅画中，艺术家最看重的明显是装饰背景的花朵纹路与植物组织。

皮萨内洛在智慧、精神意义与图解者最伟大的品质方面甚至要逊色于阿蒂基耶罗，但他对单个对象的塑造或许毫不逊色于同时代的任何人，无论这个对象来自动物界还是自然界。确实，他只像日本人一样绘制鸟类，凡·艾克 [Van Eycks] 画的狗、猎犬与牡鹿也未能将其超越。但他所处的位置介于林堡 [Limburgs] 与凡·艾克这样的中世纪晚期佛莱芒微型画画家之间，且更接近前者而非后者——而不是在马萨乔、乌切洛甚至弗拉·安杰利科之间。他比同时代的这些佛罗伦萨人画得更为精准且更令人愉快。但是，为何他们作为艺术家确实更加伟大？是新运动的先驱，诞下了和他们一样伟大甚至是比他们更伟大的艺术家，或者皮萨内洛本质上仍是中世纪小有成就的大师，且他的艺术随其死亡一起消逝？

这个问题的准确答案需要比这本小书分配的篇幅多出许多倍才能充分展开。并且会涉及美学与历史的重要问题。如此细枝末节的回答不在此处考虑，但我可以冒险提示一下，需要提醒读者的是如果不熟悉本系列的前几卷，我的暗示将毫无意义。

三

可以想象，如果没有佛罗伦萨以及古代程度较轻的影响，像皮萨内洛这般天才的艺术将消失得悄无声息。他的素描天赋与凡·艾克处于同一水准，而绘画天赋则略逊一筹。

维托利奥·皮萨内洛，《圣母子与圣乔治和圣安东尼·阿伯特》，1445，英国国家美术馆藏

维托利奥·皮萨内洛，《莱奥内洛》，1441，卡拉拉学院藏

维托利奥·皮萨内洛,《埃斯特公主》, 1436—1438, 罗浮宫藏

在文艺复兴时期这样一个独特的进步时代，他在智性方面的不足也许远超下一代伟大画家所做的弥补。皮萨内洛在意大利北部绘画的后继者自然是凡·艾克，如果不是凡·艾克，那么鉴于维罗纳大师对鸟兽的热爱、对线条的感受及其极度优雅的触感，他的后继者将吸收这些元素，可以想象，他已开始一场注定要终结于葛饰北斋的演变。曼泰尼亚与皮萨内洛没有相似之处，与凡·艾克及其追随者，或葛饰北斋及其先驱之间也没有共同之处，他的成就归功于佛罗伦萨与古代。

皮萨内洛的艺术如早期佛莱芒画家一般太过幼稚。他们对大自然的喜爱如孩童一般，会在春日首次远足到邻近的草甸与森林，采摘所有野花，抓住所有鸟儿，拥抱所有树木，与草坪上所有快乐的爬虫结为朋友。一切都处于相同的趣味层面，凡是能被拿走的东西，他们都能满载而归。除了这种仅在事物外观中感受到的喜悦，佛莱芒早期画家中最伟大的凡·艾克确实加入了极高的精神天赋与罕见的塑造人物的力量。正如全世界都知晓的，他们拥有托斯卡纳人做梦也想不到的技艺。但佛莱芒绘画的大部分作品（如果不是全部的话），在没有受到佛罗伦萨影响的情况下，只是作为模仿与图解而有其重要性。这或许说明了为何它作为艺术一直在缓慢衰退，直到皮萨内洛死后的一个世纪，随之消亡，只留下了奇迹般的技艺。这是鲁本斯继承的所有遗产，他是凡·艾克之后的下一位伟大的佛莱芒大师。而在其他方面，鲁本斯都是一位意大利人：在米开朗基罗之后，说是意大利人实际上指的就是佛罗伦萨人。

推测下如果低地国家的位置更靠近托斯卡纳会发生什么，以及设想下鲁本斯并非在卡拉奇兄弟之后即战斗已经结束时到来，而是如曼泰尼亚一般几乎在战斗的开端出现，这将是一个有趣的题外话。但我们当下的任务是尝试发现注定会征服欧洲的元素是什么，这是 15 世纪的北方艺术所缺乏而佛罗伦萨艺术却拥有的。

北方绘画的困境在于，它的所有品质都未建立在任何特定的艺术理念之上。如果它不仅能胜任图解的目的，那么毫无疑问，它会因自身技艺之趣而泛滥成一些基本的装饰图案，如华丽的布料与平展、绚丽绘制的帷幔。或许有人会质疑在亚平宁山脉以北是否存在未受佛罗伦萨影响的单件绘画作品，它的设计是由特定的艺术动机所决定，即由形式与运动的需求而决定。

在这个系列的前几卷中，我已经陈述或暗示了人类形象必须是建构图像与造型艺术的主要素材。其他所有的可见事物都应从属于人，且服从他的标准。然而，此处涉及的

维托利奥·皮萨内洛,《仰面躺着的小鸟尸体》,15世纪,罗浮宫藏

标准首先无关道德或实用主义,尽管最终它们会与普通人的价值观紧密联系。它们首先是愉悦的标准,不是画中人的愉悦,而是我们作为观者与感受者的愉悦。这种愉悦感来自向我们呈现人类形象的方式,且必须以这种方式呈现,人物的结构与塑形才会迫使我们对其进行思考,而不只是将它看作既定类型的人,直到这种方式唤起了我们理想化的知觉,使我们体验到弥漫的愉悦感,我们才会意识到一种预料之外被强化且推动了的活动。人物的呈现方式必须使他们的所有运动都可以被轻易地想象出来,既没有疲乏感,也没有体力消耗后的脸色红润。最终,每个人物的呈现都必须与构图中的其他人物保持一定的关系,即它不会削弱而会提升整体效果,每个人物之间的空间关系都会使我们既不迷失在空虚之中,也不会感到拥挤;相反,在我们必然感受到的空间之中,我们所设想的呼吸与运动知觉几乎可以将我们从繁重的物质暴政中解放出来,同时增加而非减少我们对尘世稳定的信心。

我已经在这个系列书籍的两卷中将这三种呈现人类形象的方式——实际上仅是一种——命名为"触觉值""运动"与"空间构图"。如果那时所说与现在所述都是正确的,那么仅天真地绘制我们见到的甚至是幻想之物都不够。实际上,我们用心灵看到的事物要比我们用眼睛看到的多，天真之人便是那毫无戒心的受骗者，他的心灵只会被混乱的偶发事件介入，从一系列顽固的惯例中解救出来。绝大多数的人类进步是用天真的惯例换取自觉的法则，艺术也不例外。伟大的艺术家并不是不加区分地描绘吸引他的东西，而是有意从大量的视觉印象中挑选元素，只有这些元素才能组合成一幅画面，其中每一部分的设计都可以传达触觉值、表现运动感、提升空间构图。

不是每个人物都适合传达触觉值，不是每个姿势都宜于表现运动感，也并非每个空间都可以提升。甚至令人疑惑的是，构成艺术作品的必要条件是否最初就存在于自然之中。"高贵的"野蛮人似乎为画家提供了一个合适的主题，但他绝不是原始的存在，而是在远古时代，由捕猎、舞蹈、哑剧、战争与演说等崇高艺术塑造而成的。甚至他在站立时都很少有机会对自己进行极好的艺术处理。

自然界中原本就没有现成的东西，在令我们自己骄傲的时代中也很少见到，这样的人物必须由艺术家来构建，由其发现这样的姿态，发明这样的空间。我在前几卷中已经谈到了他如何为这些目的而工作的问题，虽然过于简单，但比我在这里要讲得更全面。

现代欧洲的成就归功于佛罗伦萨。只有在那里，人们才理解这项任务的方方面面，也只有在那里，才有连续数代人能够接手这项任务，一个接一个，直到它被完成。诚然，许多人厌倦了在令人生畏的森林中开路，转而进入第一片林间空地休息，那里阳光明媚、微风轻拂，野果累累。但仍有极少数有能力的人在通往目标的道路上不断地克服着混乱。

四

如果没有佛罗伦萨，意大利北部的绘画或许与同时代的低地国家或德国的绘画区别甚微。当佛罗伦萨的雕塑家进入皮萨内洛的故乡时，他仍然在世。尽管他们的地位并不高，但作为多纳泰罗艺术的传教士四处周游。那位显赫一时的改革者自己则在皮萨内洛死前数年来到帕多瓦，并且在那里工作了十年。在他的同伴中，有保罗·乌切洛这样的先驱，还有弗拉·菲利波这样的追随者，且常有许多同乡作为他的助手伴其左右。这样的影响浪潮令人无法抵抗。但是，在当时的帕多瓦，如果没有比斯夸尔乔内 [Squarcione] 的学徒们更为出众的天才，那么它或许只会产生古板或天真而愚蠢的模仿。令人高兴的是，这些年岁是艺术领域中一位王子的学徒岁月——安德烈·曼泰尼亚。

曼泰尼亚刚满十岁便被一位名为斯夸尔乔内的承包人收养。我们不知道斯夸尔乔内在何种程度上可称为一位画家，但我们知道他承接的设计与绘画项目都是由其雇员完成的。他同样是一位古物商人，途经帕多瓦的杰出人士与在著名大学里任教的人文主义者常常光顾他的商店。碰巧在那时的意大利，"古代" [Antiquity] 是一种信仰，更是一种神秘的激情，引发智者们对着罗马雕像的残片沉思，仿佛它们是神圣的遗物，还使智者们渴望在狂喜中与辉煌的往昔合为一体。为了使这一魅力完整，这段光荣的往昔恰好是他们自己国家的过去。

在当时，任何一座有大学坐镇的城镇，教授们都是伟人，被视为国家往昔的崇拜偶像。在古代艺术的残片中，在教授们经常出没的商铺里，一位天才少年必然会成长为深受启发的古代信徒。一条光明之路在他面前铺开，路的尽头矗立着他的梦想之城、渴望之城，也是他的欲望之城，虽然路途遥远，但并非遥不可及。在曼泰尼亚的一生中，罗马帝国之于他的意义就像新耶路撒冷之于清教徒或老耶路撒冷之于犹太人。要想复兴它的全部辉煌，似乎是一项只有通过几代人不屈不挠的努力才能完成的任务，但与此同时，它能够在心灵之眼中被重建，以一种既是预言，又是激励，且是目标的形式记录其愿景。

因此，相较于他的佛罗伦萨同行们以及今天的我们而言，"古代"之于曼泰尼亚是一个完全不同的事物。如果有使用"罗马化"一词的恰当场合，那么这个词应该适用于曼泰尼亚对古代的态度；我认为，这个词语意味着一种对事物状态的憧憬，且此状态不是基于事实而是基于艺术与文学的召唤。他完全缺少我们对古代的精通以及基于事实的了解。视觉上，他从一小部分的金币与纪念章，少数雕像与浅浮雕，以及几座主要是罗马的拱门与神庙中了解古代；听觉上，则是从帕多瓦的人文主义者那里知晓古代，他们对拉丁语诗人及历史学家的热爱激发了他的热情。首位罗马诗人是一位曼图亚人，首位罗马历史学家则是一位帕多瓦人，这片土地上的子嗣必然给他怀旧的爱国主义带来了不小的刺激。毫无疑问的是，罗马填满了他的视野，并对他来说代表了整个古代。

他不仅对意大利光辉往昔的情感是罗马化的，而且天生便是罗马化的人。他对这段往昔的视觉认知仅限于少数造型艺术的再现，他天真地遗忘了罗马人是有血有肉的生物，他画的罗马人好像只是大理石一般，姿态如雕像，步态如游行，外貌与姿态则如神一般。如果他能自由选择，那么他很可能绝不触及罗马历史或诗歌以外的主题；在他生命的最后二十年，他近乎实现了自己的目标，因为很大程度上得益于他自身的影响力，其雇主

安德烈·曼泰尼亚，《耶稣升天》，约 1461 年，乌菲齐美术馆　　安德烈·曼泰尼亚，《耶稣受割礼》，1460—1464，乌菲齐美术馆

的罗马化已经发展到同样青睐罗马主题的程度，如"凯撒的凯旋""西庇阿的胜利"或"穆齐乌斯·斯凯沃拉"这样的主题。但任何时期的主题没有一个逃过了他的罗马化处理，除非这个主题确实是肖像。因此，尽管近半个世纪以来他都是一位宫廷画家，但除了在婚礼房壁画中的肖像作品，他从不揭露现实；尽管他是一位基督教神秘主义的画家，但他几乎没有违背基督教的感受。

我们选择什么样的"宗教绘画"案例都无关紧要。总之，老人都是骄傲的，甚至傲慢的元老院议员亦是如此，年轻人则都是英俊得像士兵一样，女人端庄且和蔼。他们走在神庙、宫殿与凯旋门林立的街道上，或是在浅浮雕的矿石风景中行走。我不会引用艾雷米特尼教堂壁画这样的作品，它们已经任由古代手法处理，但我会提醒你们注意那些基督徒认为最令人敬畏的主题。

我们一开始便有些惊讶地发现曼泰尼亚画过的这类主题是如此之少。在当时，他的姐夫小贝利尼以及小贝利尼的同学卡洛·克里韦利已经受圣贝尔纳迪诺复兴回响的鼓舞，绘制了满是最为深厚悔悟、最为温柔怜悯与神秘奉献的耶稣受难场景与象征，曼泰尼亚显然一直无动于衷且不受影响。他早年间绘制的唯一一幅《哀悼基督》[Pietà] 在多联画中居于次要位置，且是任何贝利尼相同主题处理的演绎不可比拟的。碰巧这些艺术家中的每一位在英国国家美术馆都有一幅《园中祈祷》[Agony in the Garden]。曼泰尼亚画作中的寂静、庄严与无比重要的感受力在其他几幅画中没有任何回声，那跪在罗马风景中的巨人身处燧石世界中央，正在向几位陷入片刻悲伤的丘比特祈祷。我们或许同样喜爱这幅画，但不是因为它的基督教精神。

如"基督上十字架""耶稣受割礼""耶稣升天"这样的主题同样为特定的基督教情感提供了极好的表现机会，曼泰尼亚则将它们看作复制古代世界的恰当时机。罗浮宫中无价的《基督上十字架》[Crucifixion] 首先是一幅罗马士兵的习作。乌菲齐美术馆的《耶稣升天》[The Ascension] 则是一位罗马运动员的神化。相邻的《耶稣受割礼》[The Circumcision] 则再现了一座罗马神庙的内部，华丽的大理石、镶嵌物与金箔。在佛罗伦萨美术学院，安布罗乔·洛伦泽蒂 [Ambrogio Lorenzetti] 的画板旁也有一幅曼泰尼亚处理相同主题的作品，它即刻揭示出一位基督教艺术家和一位异教艺术家之间的区别。

曼泰尼亚没有随着年岁的增长而更具基督教风格。相反，他比歌德更适合"古老异教徒"这个绰号。他在职业生涯中期绘制的一幅画现藏于哥本哈根，画中哭泣半裸的基

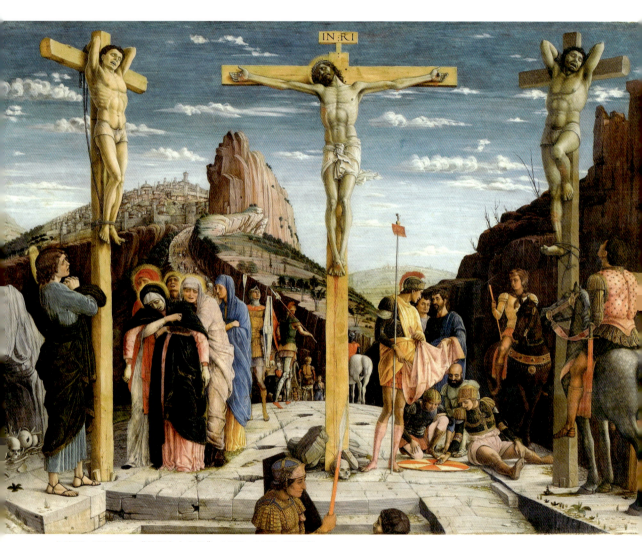

安德烈·曼泰尼亚,《基督上十字架》,1457—1460,罗浮宫

安德烈·曼泰尼亚，《受难救主基督》，1495—1500，哥本哈根国立艺术博物馆藏

督被两位翅膀张开的哀悼天使支撑在石棺之上。如果你可以忽略救世主脸上的空洞表情，以及天使们敷衍的怪相，那么就会自由地享受将你从尘世掠至天堂的赋形，而不会被束缚在信仰的羽翼上！或者想想为蒙德先生所拥有的不是曼泰尼亚年轻时所画的神秘主题。即使在古代艺术中都几乎没有事物能比画中的婴儿凯撒更具有罗马与帝国之气，曼泰尼亚则认为这个婴儿凯撒适合被摆成婴儿基督。在他之后的岁月中，我们可以看到对基督教的否定，比如在朗基努斯与安德烈之间明显代表基督的罗马人像，或者在另一幅令人赞叹的异教墓葬版画中的那些形象。

曼泰尼亚无须为罗马化基督教而受到指责，正如拉斐尔对希伯来精神的希腊化处理一样。确实，他们两人都如此出色地完成了作品，以至于如今大量欧洲民众仍以源自这两位文艺复兴大师的形式将他们的《圣经》故事视觉化。曼泰尼亚应受到更少的责怪，因为基督教精神无法轻易地在视觉艺术中具象化。最后几段并不是要指责曼泰尼亚，而是要表明作为一名图解者，他想成为一个彻头彻尾的罗马人。

若是他成功了，我们或许可以忘记他，尽管过于拉丁化的欧洲赞美了他三个世纪。我们不再需要他的重构。我们几乎可以从科学的角度了解那个让其想象充满魅力的罗马的面貌与特征。况且我们不再停留于罗马，而是回溯至它的源头——雅典。如果曼泰尼亚作为一名图解者仍能鼓舞人心，那是因为他未能实现自己的目标，即正确记录考古学上的古罗马，反而传达了他创造的罗马情调，他梦中的罗马，以及他对贵族在华贵环境中高贵地生活的想象。

因此，曼泰尼亚对古代的态度是罗马化的，这与我们不同。也和同时代的托斯卡纳艺术家们对待古代的态度相去甚远。他的目标是复兴古代世界，方法则是模仿古代。他们的目标不尽相同，更少共用一套方法。

使用往昔艺术的方法各不相同。有人像儿童使用积木般利用它。他能够用这些积木搭建自己的玩具小镇，但方案已被预先确定，尽管他可能忘了这一事实，或者要么过于轻浮，要么过于愚蠢，并没有意识到这一点。他只能用给定的积木搭建可以做的东西，且让人怀疑它们是否能教会他不以积木而是以铅笔、画刷甚或是黏土创造另一座玩具小镇。这种使用古代艺术的方法可以被称为仿古的 [archaistic]，这也是罗马残片在中世纪被一再使用的方式，特别是在 13 世纪的兰斯与加普亚以及声名鹊起的尼科洛·皮萨诺的手中。另一种使用往昔艺术的方法有点像今天葡萄酒商利用精选年份的葡萄酵素来改善普通葡萄榨出汁液的口味。这是它最常被使用的方式，且在有限的程度上有所裨益。然而，对往昔最有益的使用方法既不是模仿它，也不是只求被它改进或升华，而是探寻它与自然交易的秘密，以便我们也能获得同等丰硕的成果。

当曼泰尼亚主要以第一种方法使用罗马艺术时，与他同时代的佛罗伦萨人只关心在最后一种用法中获益。他们如此谨慎地在庄重的人物艺术中避免任何对古代的直接模仿，以至于我们很少能够追踪到古代对 15 世纪托斯卡纳雕塑的影响，而对 15 世纪托斯卡纳绘画的影响甚至还要少。看起来这些艺术最多是得益于对古代大理石雕塑示范的肉体之美的狂热崇拜，以及对古希腊罗马比例的研究。许多托斯卡纳画家图解的主题如曼泰尼亚的作品一般直接取自拉丁语诗篇，但他们使用的是自己的视觉意象、形式与腔调。如果我们将波拉约洛画的赫拉克勒斯神话、波提切利的《春》与《维纳斯的诞生》、西尼奥雷利的《潘》与曼泰尼亚的《帕纳塞斯山》[Parnassus] 并置，就会不得不承认只有曼泰尼亚的画作是以所谓拉丁风格完成的，而其他人的则是纯粹的托斯卡纳风格。佛罗伦萨的雕塑与绘画中的超然离群也没有因为直接模仿古物 [the Antique] 有丝毫减弱。米开朗基罗似乎更具古意 [antique]，只因为他几乎重新占领了古代的地位。因为追求触觉值与运动感，他不会被图解的需求束缚，不仅想要创造人物类型，还想创造具有古典 [Classic] 特征的角色。

曼泰尼亚以古罗马的视觉语言致力于重建帝国时期罗马人眼中的世界，佛罗伦萨人则为了精通形式与运动以及基于形式与动作的赋形，埋头苦干。尽管两者的目的与方法有所区别，但相较古代，曼泰尼亚从多纳泰罗与佛罗伦萨人那儿获益更多。他所欠缺的是与佛罗伦萨人不同的并使其成为"古代"的知识与技巧。

我们需要注意，在 13 世纪的兰斯、加普亚、拉韦洛与比萨，已经有古希腊—罗马雕塑研精覃思的模仿者。但他们了无新意，乔凡尼·皮萨诺是其最有能力且最为自觉的后继者，但他转向了法国，几乎成为最伟大的哥特式雕塑家。14 世纪人文主义的潮流开始涌动，其中，最非凡的能手彼特拉克如人们所铭记的，在帕多瓦的钟声里度过了生命中最后的岁月，如现世的神祇一般被人崇拜着，与此同时，他以拉丁语创作了一篇史诗，意图唤起人们对古老罗马的记忆，以及复兴其光辉的强烈渴望。彼特拉克并非对艺术漠不关心，他曾用自己的辩才诱使其艺术家朋友们以他为榜样，分担他的任务。很显然，他失败了，因为他注定如此。在多纳泰罗之前，冒险模仿古人的画家就像试图学习希腊

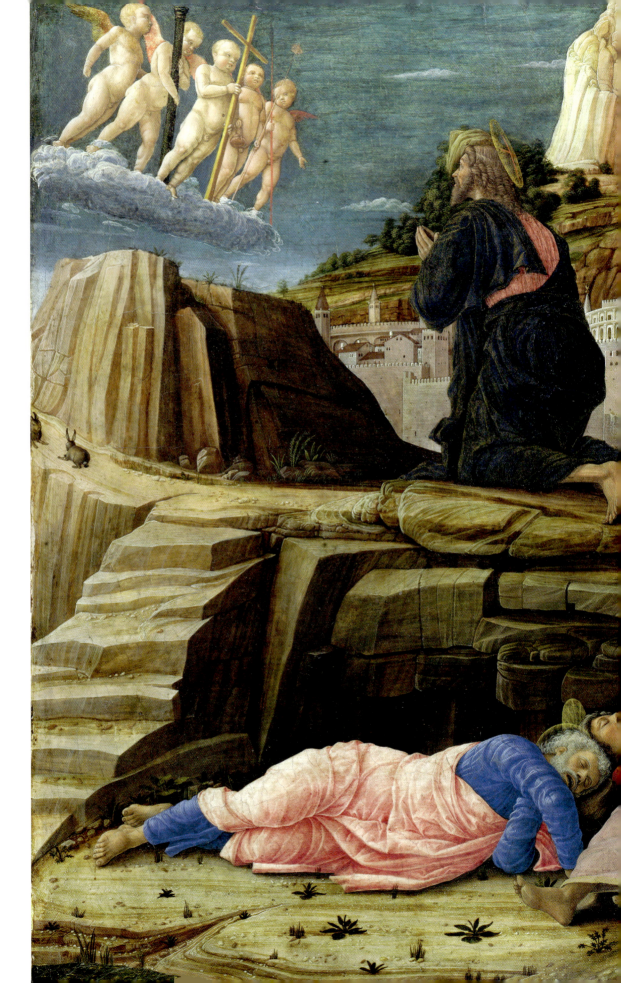

安德烈·曼泰尼亚，《园中祈祷》，1455—1456，英国国家美术馆藏

乔凡尼·贝利尼，《园中祈祷》，1465，英国国家美术馆藏

安德烈·曼泰尼亚,《圣
塞巴斯蒂安》,15 世纪
80 年代,罗浮宫藏

语的彼特拉克一样。一位卡拉布里亚修道士给他读《荷马史诗》，让他对故事有大致了解，但无法教会他自己阅读，因为修道士缺乏语言分析、发音和语法的知识。一位具有同样天赋的现代学者在彼特拉克的位置上能够熟练掌握一门他几乎一无所知的语言，因为他继承了几代人的语言学训练。

在艺术家能够从古代中获益之前，他必须能够欣赏古代艺术的优点。他应当把古代艺术当作光辉往昔的成就来敬仰，但这还不够。他应当欣赏古代艺术中更英俊的面容与更令人印象深刻的姿态（如果真的如人们怀疑的那样，哥特式雕塑家或画家确实发现了古希腊罗马艺术中的脸庞要比他们的更为英俊，姿态也更令人印象深刻），但这同样也不够。当一门伟大艺术鲜活的传统已被毁灭时，对其作品仿古式的模仿不会比对自然的天真模仿更有助于创作。一门再生的艺术必须始于开端，力求一步步深入到艺术结构的秘密之中。在它前进的每一步里，它都会在古代发现如何迈出下一步的暗示。在这些条件下再生的艺术进步的速度，几乎会像那些个体在几十年内学会人类一千个世纪才获得的知识一般迅速。但为了产生这样的效果，古代必须有足够多的佳作典范，且遇到充满活力的独立个体，这样才不会被它的杰作所诱惑，以至争相模仿。

多纳泰罗与布鲁内莱斯基 [Brunelleschi]、乌切洛与马萨乔或许拥有独立的精神来抵抗古代的诱惑，但他们并没有受过严格的考验，因为在他们的生涯早期，古代艺术作品无论如何都是稀缺的，且价值不高。他们不得不为了自己而恢复大多数艺术创作的秘密。如果不是这样的话，他们有可能会避免挥霍、矫揉造作，以及糟糕的趣味。人们不该细究如果多纳泰罗知道菲狄亚斯 [Pheidias] 可能会发生的所有事——或更令人着迷的猜测——如果多纳泰罗知道希腊古风时期的艺术！但是，他与他的同乡们从未看过埃尔金的大理石像，或是埃伊纳岛和奥林匹亚的三角墙浮雕，他们至少知道不应该模仿那些低质量的古希腊罗马雕塑的样本，但他们只能够接触到这些作品，他们敢于为自己创造复古的 [archaic] 风格，也正因此使他们永垂不朽。

没有任何一种艺术希望成为未经复古的古典。仿古式的模仿与复古式的重构之间，尽管差异简单如斯，但必须清楚地铭记心中。仅仅沿用较早时期流传下来的现成模板便是仿古的艺术，而复古的艺术则贯穿学习的过程：学习如何建构人物并找到呈现触觉值与运动感所需的姿态。另一方面，完成了此过程的艺术则是古典的。因此，虽然尼科洛·皮萨诺或许位列仿古艺术家之列，乔托与其画派则是古典而非复古的，与其相同的还有凡·艾克及其追随者、13 世纪的法国雕塑家们，以及自许多世纪以来的中国与日本的艺

安德烈·曼泰尼亚,《帕纳塞斯山》, 1497, 罗浮宫藏

术家们。仅是原始甚或是野蛮的艺术并不必然是复古的。例如大多数的埃及艺术便极少是古代艺术,阿兹特克 [Aztec] 雕刻与阿拉斯加图腾柱同样如此。相反,我们当代的画家德加或许自夸是复的艺术。诚然,15 世纪的大多数佛罗伦萨艺术家都是复古的,因为他们中没有人希冀可以触碰到自己设置的目标。那个目标便是一门仅由特定的艺术动机构成的艺术。

    这样的定义带来的东西比它预示的更多,它清晰地指出了我们如此关心仿古艺术的真正原因。因为这样的艺术必然是追求形式与运动的产物。它或许无法完全实现这些元素。根据定义,它也无法在适当的组合中实现它们,因为那样它就已成为经典。它可能将任何一种倾向夸大到滑稽的极端,事实上它经常这样做,但经由它对形式,或运动,或两者的呈现,它在提升生命感时从未失手。

相同的定义进一步指出为何 15 世纪的意大利艺术要逊色于二十多个世纪前的希腊艺术，以及为何它没有带来如此伟大的结果。文艺复兴艺术尽管不熟悉古代最好的作品，但坦率而言，它还不够复古。或许从某种意义上讲，它可以稍被称为仿古的，鉴于它从未从往昔的艺术中完全解放出来，而那往昔如果不是更为遥远的古罗马便是最接近它的过去。因此，在西克斯图斯四世墓的寓意人物中，即便如波拉约洛这般超前与有创意的天才，也从未完全舍弃《玫瑰传奇》[Romance of the Rose] 时期索然乏味的优雅。此外，还有一个困难，即因与艺术无关的理由而由外部强加给艺术家的题材，这是任何人都无法克服的阻力。希腊的古代艺术家更为幸运，在制造自己神祇的过程中，他们可以享受不可估量的自由创作的优势。多亏了上百种原因，前菲狄亚斯时代的希腊艺术家是对神学家发号施令的人，而不是他们的奴隶。作为特定视觉想象的创造物，其神明的外貌与动作必然是雕塑家与画家的完美素材。基督教的神并非如此，塑造他们的是禁欲主义者、神秘主义者、哲学家、逻辑学家与修道士们，而不是雕塑家或画家。古希腊人还有一个优势，即他们可以相信自己的神附身于最严格的造型作品之中，而基督徒们在相信自己的神等同于再现的图像之前，不得不通过神秘主义或宗教神学、正典法则领域中盛行的价值观来证明它，而非视觉之美世界中盛行的价值观。因为这样的信念，米开朗基罗不能与菲狄亚斯相提并论，一位先驱没有如另外一位先驱般完全地献身于纯粹的艺术，这也就不难理解了。

当时，像伟大的佛罗伦萨人一样，因为对往昔过于崇敬，以及必须再现源自神学而非艺术的名人与场景，他们受到了阻碍，虽然如此，他们仍本着正确的精神，由衷且满怀希望地创作出复古的艺术。曼泰尼亚在形式与运动处理上进行的困难研究若未受多纳泰罗的个人影响，则是受到了传统的影响。如果没有这样的研究，他便会因其所有的人文主义激情而无法以任何恰当的表象记录他对古代的想象。在那个天才早熟的世纪，他必然是在一个出奇早的年纪就很清楚自己的方法和目的，因为仅仅作为一个少年，他就领会了佛罗伦萨老师教授的一切。尽管曼泰尼亚拥有人物艺术所有必不可少的天赋，且没有一位同乡学徒拥有这种天赋，他还被赋予了托斯卡纳地区无人不知的绘画能力，但他现存最早的作品已经暴露了其中的从属与压制关系。他对绘画的本能冲动被压制得如此彻底，只有在两三幅毫不费力就完成的素描稿中，我们才能察觉这种冲动。至于形式与运动，他似乎已经在 25 岁之前掌握了几乎所有注定会使之成为大师的东西。他之后

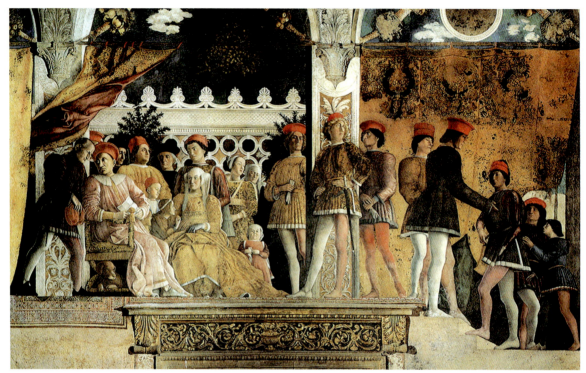

安德烈·曼泰尼亚，《曼图亚宫廷》，1465 或 1474，曼图亚公爵府藏

安德烈·曼泰尼亚，婚礼房西墙，1465 或 1474，曼图亚公爵府藏

取得的进步仅仅来自势头的力量，因为他再也没有把它们放在思想的首位，取而代之的是他作为图解者重建古代世界的目标。

无须因为曼泰尼亚更偏爱异教主题而不是基督教主题而与他争吵。事实上，这只是他作为艺术家的职责。我们很容易与他对古代的激情产生共情，喜欢他对完美人性的憧憬，因为在众多完美的梦中，他的梦境必然是最为健康且最高贵的。但我们或许也会因为他对古物不加批判的态度而和他争论，并为所导致的结果叹息。即便他所熟悉的已是最好的古物，他也应该努力探究它们技艺的奥秘，而不是照搬它的形状与姿态。因此且仅因为此，他能够从中获得明显的好处。但除了极罕见的例外，他所知道的都是低质量的古物，是几代人接替复制的产物。诚然，这些作品的样式与姿态确实保持了某些原始之美，但在其他方面它们都是没有活力、毫无生气而且呆板的。曼泰尼亚的模板除了概念之外，各方面都逊色于他的同行与同时代人的作品，而他却对此视而不见，只有意大利的人文主义者才会这般迷狂与不加区别。如果他不得不将往昔的艺术用来发酵，那么很不幸的是，他从中提取酵素，但木桶上的钻孔年代久远到使其所有香味都已蒸发殆尽。只有天才的活力与不朽能够拯救它的乏味。触觉的质感便是一种只有身体死亡才能夺走的天赋，尽管他为了彻底理解一件技巧远逊于自己的作品，无疑浪费了太多才华，但他并未受到任何致命的伤害。

然而，努力没有使他进步。如果没有这样浪费能量，也许他对线条的热忱追求会获得更大的成功。他不仅没有获得波提切利的胜利，也从未充分使用过轮廓线、功能线，只短暂地探究了下外轮廓线和无法塑形的外切圆线。

另外一个类似的因素导致了他在轮廓线上的不足。他在努力吸收古代模板的精准触感时，没有盼着从自己的形式与运动经验中逐步形成人类形象的标准，而是试图采用古人创造的标准，这一点倒不奇怪。他取得了很好的成就，但不能就此结束。积极的人无法停滞不前。如果不是故意而为之，那么他们所有人都会更为坚定地在所选择的道路上加速前进。如果这是一条真正的高速路，而非一条死胡同，对他们来说就好了。每一门艺术中都有且仅有少数能够强化这门艺术的事物，富有成效的行动在于至少掌握其中一件事情并加以努力。还有其他诱人且徒有其表的许多事物，看似可以预见有利可图的回报。它们所允诺之物也并非是被粗暴伪造出来的。这也是它们邪恶的一部分，似乎也为此付出了代价；只是，就像我们的祖先过去曾相信过的其他恶灵之礼一般，这些回报转瞬间变成了残渣——就像诱人的果实腐烂成灰尘，或是红宝石般的美酒一碰嘴唇就变成了风。采用另外一个隐喻来说，它们不仅没有给投资带来任何利润，而且展现出的资本缩减只需几次连续的操作便消失得无影无踪。在人物艺术中，接受已经进化了的外形与姿态几乎是无法抵抗的诱惑。人们似乎以这样的手法快速地获得了魅力、美与高贵。不幸的是，万物之中的外形与姿态不允许强化，只允许模式化：曼泰尼亚的方式则是从古代借用，将其当作现成的标准，尽管表面上看明显相反，但他倾向于将其简化为书法。至于轮廓线，则变成了功能线条，成为塑造形式并带来生命脉搏的线条，因背道而驰而无法被人发现。

标志着腐坏第一步的才能与成就很容易被人误认为是相反过程的征兆，当这些步骤被曼泰尼亚这样明显状态极好的艺术家采用之时，尤其如此。但由于模仿古代而产生的其他错误或许更容易使其明了。我们已经注意到他是如何倾向于把人画成彩色大理石而非血肉之躯，并且论述到了这或许是因为他的主要目标便是复活那些古人，他天真的把古人想象成他在现实生活中知道的唯一模样，即圆雕或浮雕大理石上的样子。在这些形象成型之时，我们或许会钦佩与喜爱它们，因其在曼泰尼亚的早期作品中屡见不鲜，有着人类所有的辉煌、优雅，甚至是柔美，但却是以一种更敏感、更不易腐败的材料建构的。这些创造物中的人类品德有着更为深刻的动人情感，就好像拉丁语诗篇中的柔美表达更具吸引力一般，因为没有什么能使人们想到罗马人和他那镌刻在石头上的晦涩语言了。如果在其他时候，且更频繁的情况下，曼泰尼亚没有违背后奥古斯都时代雕塑粗糙甚至是低俗的灵感，那么我们便不应该就这一点再批评他。但如果将人们的注意力牢牢地固定在大理石制的男女之上，而从不看活生生的人就太过分了，只有生命是研究、实验与启示取之不尽的领域。在他婚礼房和其他地方的肖像中，如果我们没有找到证据证明他拥有几乎无与伦比的直接观察能力，人们可能会怀疑曼泰尼亚是否曾用自己的双眼观看——但我冒险相信他可能是一位高尚且尊贵的艺术家，但永远不会用自己的双眼观看。不幸的是，他将生命弃置一旁，对所有不是从罗马浮雕上反射出来的光亮都视而不见。

罗马浅浮雕对他的吸引力愈发强烈。他从中发现了形式、基本要点和对理想世界的布置，他似乎不是以三维空间，而是以浅浮雕精致的人造空间关系中的观看作为结束。在他最后的岁月中，投射各种色彩于他而言徒劳无益，他越来越多地以单色绘画，并以石头般的色彩结束，比如藏在伦敦的《西庇阿的胜利》[*Triumph of Scipio*]、罗浮宫的《所罗门的审判》[*Judgment of Solomon*] 或都柏林的《尤蒂》[*Judith*]。应补充的一点是，这

安德烈·曼泰尼亚，《西庇阿的胜利》，1505—1506，英国国家美术馆藏

些最终呈现的作品几乎是安东尼柱上浅浮雕的复制品，这是非常危险的。但在某种程度
上，他的天赋，更重要的是他从多纳泰罗那里学到的强健有力的轮廓线，将他从这个耻
辱中解救了出来。

对古物的过多投入因此阻碍了曼泰尼亚的所有动作，在各个方向限制了他的自由发
展，且遏制了他天赋的自然进程。然而，这是如此之奇妙，以至尽管他裹着木乃伊的麻
布，还是冲破了这些桎梏，且比大多数这般故步自封的人走得更加自由。他的错误清单
只需再补充一项，且这关乎他选择的主题。他的佛罗伦萨对手很少会遗忘艺术的真正胜
利是留给那些开发出形式与运动中重要、永恒且取之不尽的资源的人的，且他们极少会
错失相应的创作机会，或者会在没有机会的情况下创造机会。波提切利甚至在给定的主
题下，毫无疑问即《春》与《维纳斯的诞生》中，创作出如此纯粹的装饰性样式，以至
于单是图解式的素材被完全消解。波拉约洛的情况更是如此。他也喜欢古物，但需要注
意他选择的图解主题：《角斗士之战》[Combats of Gladiators] 与《赫拉克勒斯的功绩》
[Deeds of Hercules]。他选择的主题完全溶解于形式与运动的价值之中，创造出本身必然
具备的外观、姿态及关系。但曼泰尼亚在此又再度束手束脚。他决心让古代复活，但没
有充分考虑能否指望一个既定的主题、外观或姿态可以创作出真正伟大的艺术作品。他
身体中的人文主义者常常扼杀艺术家。结果便是尽管他气势宏伟且能够鼓舞人心，但从
未创作出接近《角斗士之战》的构图，也未创作出能与《春》相媲美的绘画作品。他的
《美德与罪恶之战》[Combat of Virtue and Vice] 受未消解的图解素材所阻，甚至他的《帕

安德烈·曼泰尼亚，《美德
的胜利》，1499，罗浮宫藏

安德烈·曼泰尼亚,《尤蒂》,
15世纪90年代,爱尔兰国家
美术馆

纳塞斯山》也会将观者的注意力消耗在各种各样考古学的细枝末节之中,因为它们或许便是如此被不敬地唤起的,观者只会看到它们在艺术上与这幅画的主要构图毫无关联。

简而言之,这便是我不得不对曼泰尼亚做出的评价,我对他是如此热爱与崇拜。也许这会有助于我的读者理解我对他的看法,倘若他们被告知从本质上讲,他在更大的范畴里似乎与我们最近失去的一位伟大艺术家没什么不同。他如伯恩·琼斯 [Burne Jones] 一样意图仿古而非复古,并罗马化地看待往昔,也像伯恩·琼斯一样以一种概要式的想象替代天赋非凡的观察。

天赋如此之高的天才误入歧途,实在令人惋惜。若曼泰尼亚将他的所有才华奉献给人物绘画中的实际问题，那么他除了会创作出本质上更精致的杰作外，还会传递出一种严肃的结构感，从而使意大利北部的所有画派为之一振，并且防止柯勒乔的作品变得如此无精打采，防止委罗内塞的作品变得太过模糊不清。事实上，他所做的贡献仅仅有助于实现视觉化的改变，并将对古代的激情流传下去。他居住的区域培养或雇用过文艺复兴时期最具古风的雕塑家、青铜工匠以及建筑师，这在很大程度上都归功于他。但他并未留下任何直接的继承人，他只是作为一名图解者对绘画艺术产生了经久不衰的影响。他对异教的崇拜也为乔尔乔内的《音乐会》与提香的《酒神信徒》铺平了路。

五

在这一点上，更为敏锐且理性的 18 世纪批评家会将注意力首先转向莱昂纳多，随后转向柯勒乔。我承认自己嫉妒那巨大的跨越，使过去的作家能够从一座山峰到达另一座山峰，而对峰顶之间的一切一无所知！任何使他们感兴趣的绘画，他们都将其归入一些人们熟知的大师名下，如果这幅画碰巧有着伦巴第渊源，则它必然是曼泰尼亚、莱昂纳多或柯勒乔的。他们的归属权分配往往是错误的，但他们的态度基本上是正确的。对于我们之后鉴赏家的异议，他们可能会辩驳道：他们的兴趣始终关乎智性，艺术也不例外，而在智性层面，几乎无须太过关注哪些轻易被归入同时代更著名画家的名下。也许他们的看法太过理性主义和崇高，与我们所忍受的微观见解及探索方式形成了鲜明对比。如果我们能够回到 18 世纪，或许可以把由此产生的闲暇时间奉献给艺术研究。

艺术研究与艺术想象 [art-fancying] 及艺术家传记相去甚远，它首先应该是对艺术作品中所蕴含特定理念的研究。从这个观点来看，对曼泰尼亚同时代的意大利北部画家未作说明的地方也没有什么可说的：他将他们所有人都包含在内了。他们设定的目标与他的并无区别。他们中的大多数人是追随曼泰尼亚的。一些人走路，一些人则是独立蹒跚或踉跄前行的，但都是沿着曼泰尼亚所开拓的道路。很难从他们中间发现一个简单的理念——我指的是在人物艺术中一个开发出形式与运动可能性的动机——是曼泰尼亚未曾更好地使用过的。艺术学生或许同样会忽略这些次要的艺术家，但在那些认为艺术作为艺术有其本身意义的少数人中，很少有人是学生。剩下的则是爱好者或学究，作为其中的一员，我要向他们论述 15 世纪波河流域的意大利艺术家。

六

在 1450 年到 1475 年之间，意大利北方的年轻人中没有一位知名画家没在帕多瓦或当地工作室的某个新成员手下学习过。起初，这座绝不是最大也不是交通最便捷的小镇竟能释放如此之大的影响，似乎有些神秘，但更仔细审视后便会发现，似乎整个乡村都为加入这场新运动做了精心准备，因为人文主义者们历经三代人的时间，持续宣扬从中世纪的教规与象征中解放出来，支持回到古代。因此，意大利北方和托斯卡纳一样在思想上已做好准备迈出新的一步，只是对实现的方式缺少积极且实际的了解。在帕多瓦，多纳泰罗提供了这些方式，再加上青年曼泰尼亚成功所引发的效仿，以及通过人文主义者赞许所传播的诱人宣传，就容易理解为何所有年轻且有天赋的艺术家都蜂拥而至斯夸尔乔内的工作室了。每个人在那里获得的东西能通过自身能量嫁接到自己的天赋之上，仿佛他之前在家乡于当地老师教导下的训练已将这些东西调整过一般。然后，他们带来的东西甚至超过了他们所期望的，伴随着对古代的热忱，他们还被一种热烈且时间短暂的现实主义所感染。当他们回到故乡，传播新的知识，在更多人死去之前，革命已经完成。除了在遥远高地山谷，不再有画家以旧方式进行视觉化和塑造。

在那些涌入帕多瓦的年轻人中，没有一位艺术家比科西莫·图拉 [Cosimo Tura] 怀有更高的天赋，更深入地沉浸于多纳泰罗的艺术之中，且有着更为非凡的命运。他引领了一批画家，其追随者不仅在他的故乡费拉拉开枝散叶，还遍布埃斯特领主的所有领地以及从克雷莫纳到博洛尼亚的所有毗邻地区。这就注定了拉斐尔与柯勒乔是从他这儿降临。

然而，他们先祖的风格完全是高贵优雅或迷狂感性的对立面。图拉的人物坚毅，如法老般高傲与静默，或者像橄榄树林上的虬结因压制能量而痉挛。他们的脸庞很少被柔情点亮，笑容易变成古代之怪相。他们如鸟爪般的手表现了其交往方式。图拉的建筑是堆积起来的巴洛克风格，不像常常出现在早期文艺复兴画家作品中的建筑，几乎像是为米提亚人和波斯人建造的壮观宫殿。他的风景画所描绘的世界似乎多年来未见花朵与绿叶，因为没有大地、土壤与草地，到处只有荒凉的岩石。他甚至很少为干枯的山茱萸树找到位置，在帕多瓦受训的其他艺术家则热衷画这种树。

所有这些意象都有着完美的和谐。他在岩间生长的人物无法从容地居住在不那么坚硬的世界之中，也会在形制结构不那么沉重的建筑中感到无所适从。作为坚决的人，他

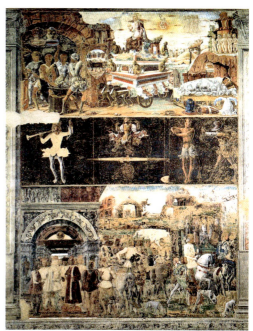

科西莫·图拉,《七月寓言》,1476—1484,费拉拉齐基法诺亚宫藏

科西莫·图拉,《九月寓言》,1476—1484,费拉拉齐基法诺亚宫藏

们所采用的外形必须是实体允许的，而构成实体的事物要么是石化的，要么是因连接处的力而变形的。这是努力创作出运动而导致的结果，在完成以前，人物的表情必定凝结为怪相。

哪里有和谐，哪里就必然有目标，图拉的目标是明确的——以几乎疯狂的凶猛来表现实体。他的世界中没有任何东西能够坚决地抵抗他征服式的拥抱。没有东西是柔软的，没有东西是易曲的，也没有东西是模糊的。他的世界是一块铁砧，他的感受则是一把锤子，任何东西都掩盖不住锤子敲击铁砧的声音。没有比燧石和坚硬的石头更柔软的东西能够丰富这样一位艺术家的素材。

图拉或许太过沉浸于多纳泰罗的艺术了，而他的想象也太过迷恋于曼泰尼亚最早期的成就。谁知道他是因为什么对光怪陆离又如花般的中世纪绘画极度反感，导致他如此激昂地夸大了似乎在帕多瓦掌握的唯一原则？葛饰北斋在其年老的岁月中，标榜自己是"为素描而疯狂之人"，相类似的是，图拉的一生则是"为触觉值而疯狂之人"。

图拉将继承到的全部天赋奉献给这个原则，或许并不逊色于波拉约洛。他未接受过出色的思想训练，且像所有来自乡村的人一样缺少重要对手的明智批评，因此，他从未被赶出那狭隘的准则而去追求更为智性的艺术。结果便是他没有与同时代的佛罗伦萨画家齐名，而与另外一位属于帕多瓦画派的卡洛·克里韦利并称。他们一个夸大了清晰度，另一个夸大了精确性，就像所有天生便缺乏智性目标的艺术家一般，都终结于怪诞艺术。

当所有事情都被叙述和完成之时，此般命运也不是那么的不幸！紧接着乔托与马萨乔、莱昂纳多与米开朗基罗之后，我们必须将一些艺术家置于他们荣耀的同伴之上，这些艺术家以触觉品质的无限天赋，创作出的赋形好似每一处细节都需要最强的生命力一般，并从未逾越此标准一步。于是由仅对提升生命力细节的愉悦感激发的赋形必然会转变成怪诞的艺术风格，且这般赋形的创作者常常是这门艺术的大师，例如日本艺术家便是如此。我们不能给予他们最高的评价，但很难不像对待最好的艺术家那样爱他们，因为爱就是通过被爱的对象来提升生命的。

图拉便是如此受人喜爱的，因为他是怪诞风格的大师，而且还是怪诞风格的纹章大师，而后者即是该风格最好的形式。他的大量作品不仅是无意识的怪诞风格，还有很多是刻意营造的怪诞风格。他陶醉于奇异的海洋生物以及更为奇异的陆地生物。他喜爱具有象征意味的野兽，当他绘制一匹马的时候，如在《圣乔治与龙》[St. George and the Dragon] 中，他像一位军械制造师一样给人物刻上了一颗令人骄傲的纹章头像。

还有另外一种可能的解读。图拉的意图或许仅仅是图解的，且他热爱自己创造的这个荒芜且多岩石、生于岩间的狂暴战士居住其中的世界，正如其他人喜爱荒漠或冰川或北极圈一般。对于某些气质而言这些是激发灵感的补药，对于我们所有人而言其审美形式则同样如此。这位图解者确实是一位艺术家，他所传达的理想化感受迫使我们进入到这样的男子气概、无意识的傲慢无知，以及这样的能量与耐力中去。对图拉的恰当阐释并不重要，因为在他身上，就如在所有技术全面的艺术家身上一样——图拉勉强也是技术全面的艺术家——图解与装饰是完美融合的。

七

论述图拉的这些段落放在比他稍年轻的同乡科萨身上，并不需要做太多修改。他们是双子星，相互之间是如此相似，二人的重要性难分伯仲，想要确定是哪一颗围绕另一

科西莫·图拉，《卡利俄珀》，1460，英国国家美术馆藏

弗朗西斯科·德尔·科萨，《三月、四月、五月寓言壁画》，1476—1484，费拉拉斯齐法诺亚宫藏

《三月、四月、五月寓言壁画》（细节）

弗朗西斯科·德尔·科萨，《秋（圣歌女神）》，1455—1460，柏林国家博物馆画廊藏

科西莫·图拉，费拉拉大教堂祭坛三联画，1469，费拉拉主教堂博物馆藏

颗旋转也颇为不易。然而，对二人有了长期的了解后，便会发现他们的目标与特质有所不同，部分是因为他们轨道的差异。图拉转向帕多瓦，而科萨则被皮耶罗·德拉·弗朗切斯卡更为明确的绘画影响所吸引，这位显赫一时的托斯卡纳人曾在费拉拉工作过一段时间。

科萨完全接手了图拉的世界，且在可能的情况下将其夸大。他的风景画如图拉的一般壮观而贫瘠，为了深化那片荒芜，他的建筑成了废墟。他的人物依旧充满活力，如果他们不怎么高傲，只是因为他们屈尊纡贵了。他同样继承了图拉激烈的表现，但皮耶罗大块平面与平静外表所树立的榜样使他避免了将其强化到极端的后果。幸亏有这些元素，科萨学会了将图拉作品中扭结的部分拓宽成主导画面的东西。同样是得益于皮耶罗，科萨对散射光线的处理产生了兴趣，并在此方面表现杰出。但他对运动感的驾驭则完全凭借自己的天赋。

他与众不同的特质便得益于此。他与图拉在样式上的不同主要是因为更好的灵活性与更精细的表达。正如所有对运动有着不同寻常感受的艺术家一般，他懂得使用功能线条，且其人物的轮廓线由此获得了类似触觉印象的效果，如波拉约洛或年轻波提切利的作品一般令人信服。甚至他多数人物的傲慢或许是因为他将其置于运动之中，而傲慢也仅是动作中的不逊而已。

我们在斯齐法诺亚宫的壁画中发现的他对当时假日生活令人意想不到的处理方式或许可以追溯至相同的根源。他绘制了一场发生在瘦弱马匹与男女跑步者之间的比赛，每个都有着独立的运动，但所有人物都共同组成了一个连续的图案。观众们正明显快乐地观看着，在他们中间有优雅的宫廷女士，正从包厢中探出可爱的脖子。线条无法延展到如此快速地表现动作，也无法如此精细地表现轮廓线。没有一个希腊浅浮雕或瓶画能够更为迅速地展现其设计。

要创作一个像柏林的《秋》[Autumn] 一般的人物，几乎需要最高的才能。这个人物身强力壮，双脚坚定而稳固，就好像是由皮耶罗本人绘制的一般。但她所处环境的大气效果与表情又使我们想起米勒 [Millet] 与塞尚。

无人知晓，拥有如此广度和触觉的艺术家，倘若添上智性的意图，在其年轻时就移居至佛罗伦萨而非博洛尼亚，又会留下什么呢？

八

图拉与科萨对恶劣的矿物世界中暴烈且原始的生命的朴素想象，传到他们最有能力的追随者埃尔科莱·罗贝蒂的眼中时，经历了某些变化。尽管他早年仍是一位高水平的艺术家，但他更多地关注图解而非装饰。因此，他敏锐地感受到了前辈作品中的"文学"特质，并以其中情感效果的充分意识使用它们。但是，如果他知道这一点，这种精确效果只能由其自身产生，而无法通过将其当作建构的素材使用而获得；因为那样它就成了一个新的动因，且必然会产生另外的结果。新鲜的产物很可能会更为生动地吸引一种诗意的心境，但它必然终结于幻想，且毫无意义。

埃尔科莱很少发生这类事情，这要归功于他拥有的某种补偿性特质。要么是因为他缺乏老师们对实体的感受，要么是因为他们本身没有足够的智慧去教授这项才能，埃尔科莱的作品从不会像他老师的作品一样激发出信念。他的图案接近印刷字体，就好像是由比块面体积更大的人物建构起来的，四肢有时要比轮廓多出一点，脚则很少触及地面，双手永远不会握紧。在德累斯顿的《背叛基督》[Betrayal] 与《受难之路》[Procession to Calvary] 面前，如果你稍作停留，思考所再现人物的实体，必然会认为组成它们的东西没有一样是坚固的，而是某些精妙的物质，它们从中被敲打出来，就好像凸纹饰作品一般，完全没有背面，或者内部中空。但另一方面，他对功能线条有着充分的感受，使他即便不能呈现运动也能呈现动作，从而成功地传达出对真实发生事件的感受。如此，他的理解力几乎媲美同时代的翁布里亚人，或是现代人中的米勒，如我们在柏林《施洗者约翰》[Baptist] 中看到的天际线的庄严感，及其赋予高悬其上人物感的深远意义。而且在像德累斯顿祭坛画这样最好的作品中，人物的轮廓是如此鲜明，像凸纹饰作品一般直接，他的作品不仅没有让人觉得不足，反而让人被他独特的魅力所迷惑。最后，他的色彩则有着晚秋色调中舒缓的和谐。

但这些特质与缺陷，或者说它们加起来，都无法解释这个人的魅力，这一点倒是可以从埃尔科莱作为图解者的天赋中找到答案。这些天赋都是最强烈的类型，尽管范围有些狭隘。在已经提及的作品中，如利物浦的《哀悼基督》[Pietà]，里士满的《美狄亚》[Medea] 和布雷拉祭坛画中的单色装饰，它们是如此激情澎湃，如此不受约束如超人，以至于我们像臣服于暴行一般向它们投降，乐于投身进它们更为生动呈现的生命之中。如果有人有着"抿着嘴并发出威严命令似的冷笑"，那便是布雷拉画作中再现《屠杀无辜之人》[Massacre of the Innocents] 残忍场景中的希律王。但是，像装扮王座的浅浮雕一般的处理方式夺走了所有可能的表面意义，仅留下没有人类情感的快乐，而那种人类情感是我们在《冰岛萨迦》或在更好的《尼伯龙根之歌》铁石心肠的最终章中感受到的。

即便是作为一名图解者，埃尔科莱使人们回想起他的老师图拉与科萨，如这段描述将会揭示的那样。但在他这儿，效果是慎重对待的目标，而在他的两位老师那儿，这或许只是其风格自发产生的结果。因此，他的作品作为图解有着既定目标的优势，但没有什么能比这更清楚地表明，即便是最吸引人的图解，在艺术中起到的作用还是那么的小。埃尔科莱·罗贝蒂在状态最佳的时候，也只是众神在图拉身上所创造更为宏大主题的一个变奏；在其状态最差的时候，如蒙德纳的《卢克尼西亚》[Lucretia] 中，他是一个合适的布道主题，以说明任何一位图解者，若不是形式与运动大师，当他耗尽从其他艺术家那儿接手并被其他艺术家自由使用的本质艺术思想之后，都无法保持卓越。

埃尔科莱·罗贝蒂，《哀悼基督》，1482，利物浦沃克美术馆藏

九

　　埃尔科莱接触的是二手的现实，三手的思想，如果说悲惨的衰落是他的命运，那么我们或许便知晓应对他的学生洛伦佐·科斯塔 [Lorenzo Costa] 抱有什么期望了。科斯塔

埃尔科莱·罗贝蒂，《乔瓦尼二世·本蒂沃格利画像》，1490，华盛顿国家美术馆藏

接触到的现实和思想仅仅是三手和四手的。他起初绘制的作品如本蒂沃利奥肖像画和博洛尼亚圣贾科莫教堂的《凯旋》[Triumphs] 一般，而这与埃尔科莱晚期作品的唯一区别只在于增大了无力触感与枯燥概念。他终结于如曼图亚圣安德烈教堂中这样的作品，仅剩曾一度有其意义的方案的迥异表象。然而，在他早年与晚年之间，他还是拥有欢乐时光的。尽管他偏爱的类型生动地暗示了美国红皮肤的印第安人，但是，像博洛尼亚圣佩托尼奥大教堂祭坛画这样的作品，不仅有着精雕细琢的马赛克绚丽色彩，画中人物还很庄严甚至高贵。但在他更多的作品中，人物并没有真实的存在感。他们的头通常是被拧在挂着衣服的横杆上的，角度常常并不准确。但即便如此，他的描绘都令人愉快，布局讨人喜欢，色彩又清澈、甜美，以至于常常俘获观者，这一点在罗浮宫《缪斯花园中的伊莎贝拉·埃斯特》[Isabella d'Este in the Garden of the Muses] 的画作中表现得尤为明显。然而，像科斯塔令人满意的多数作品一般，这件作品主要得益于他的风景，在没有任何严肃研究的情况下，这幅画是他那个时代最可爱的作品之一。画中的雾霭闪闪发光，漫射的阳光下泛着银光的河流，树木枝繁叶茂，郁郁葱葱，它们对室外甜美生活的暗示，使人们不仅忘却了科斯塔是如何可怜的一位艺术家，甚至将其置于以情思考的艺术家之列。

自然，我所提及的大师都只是费拉拉艺术这片树林中最高的那几棵大树。还有许多艺术家是在其枝丫下生长的，一些仅仅如槲般附着寄生在最坚固橡木的主干上。在某些地方，树干与枝丫紧密地缠结环绕，以至于许多都无法探寻到根源。例如比安奇 [Bianchi]，如果他真的画下了藏在贝加莫令人赞叹的《圣约翰》[St. John] 和本蒂沃利奥家族的德雷福斯肖像画，那他在画派中的地位应该更高。但归在他名下的罗浮宫祭坛画，应归属于位置更高的真正作者。其中朴素的圣母、真诚且甜美的年轻圣徒以及全神贯注于音乐的天使，布局简约，透过细圆柱可以看见宁静的风景与静止的天空，一切都像平静的傍晚一样影响着观者，此时观者就像被宗教仪式征服一般，与周围环境融为一体。

暂时离开费拉拉画派之前，应对弗朗西斯科·弗朗西亚 [Francesco Francia] 与蒂莫泰奥·维蒂进行说明。弗朗西亚因一丝不苟的完成度、和蔼的天使脸庞以及寂静主义的感受而深受人们欢迎，在普通的艺术观点看来，他是一位不太重要的画家。他接受金匠的训练，只在成年之际成为一名画家，并因此错失了人物艺术基本知识的必要教育。但他的感觉在变夸张之前（他比同乡人早了一个世纪），至少能以其寂静主义而与佩鲁基诺的感受力齐平。藏于慕尼黑的圣母作品中，圣母俯身将双手虔诚地交叉于胸前，她礼拜的圣婴正躺在神秘的玫瑰丛中，没有一件翁布里亚大师之作比这件作品更为庄严慈悲、

洛伦佐·科斯塔,《缪斯花园中的伊莎贝拉·埃斯特》,1505,罗浮宫藏

柔美且因敬畏而宁静。佩鲁基诺若没有对空间效果神奇的掌控力,就永远不会让我们如此感动;甚至连弗朗西亚的些许成功都得益于他的风景画。在博洛尼亚圣维塔莱教堂的祭坛画中,我们中的许多人都已感受到它们的娇小可爱,并被增添魅力的流水潺潺,无声无息的宁静池水还有深绿色的河岸与地平线所抚慰。

蒂莫泰奥·维蒂留下两件作品——博洛尼亚的《抹大拉的玛利亚》[Mary Magdalene]与米兰的《圣母领报》[Annunciation],作为人物艺术,这两件作品或许可以与弗朗西亚任何一件作品相媲美。然而,并非是这两件作品使他必须在此处被提及。他的重要性在于是他最先教导了拉斐尔,也正是通过他,这位天才少年继承了许多传统,无论这一传统的形式多么虚弱,它都出自大族长图拉。无须多言,当这个传统传到拉斐尔手中时,他可能并不愿意继承这份遗产。无论如何,如果他没有向其中添加佛罗伦萨的财富,那么这个遗产对他而言毫无用处。

弗朗西斯科·弗朗西亚，《玫瑰园中的圣母》，1500 后，慕尼黑老绘画馆藏

十

让我们回到维罗纳，这次并非将其当作艺术的首都，介于阿尔卑斯山与亚平宁山脉之间的意大利女主人，而是将其当作一个地方小镇，它骄傲的记忆只会阻止她在最有益的时刻以最有效的方式重新出发。这里的年轻人似乎极少光顾多纳泰罗所在的帕多瓦，与此同时后者引发的革命正引领潮头。而维罗纳的大多数年轻人待在家中，闷闷不乐地等待着浪潮席卷至其门口。

曼泰尼亚的到访是其懵懂早熟期的一次征服之旅，他留在圣芝诺教堂的祭坛画如一座凯旋门一般持续见证着他的天才。在邻近的曼图亚，他确立了自己的统治地位，此后，他便一直将维罗纳俘获于脚下，时间长达两代人乃至更久。

某种程度上这是不幸的。正如维罗纳画家不知道多纳泰罗，也未通过直接了解他的雕塑来接触现实，他们无法理解曼泰尼亚灵感的终极源头，只能够模仿它的最终结果。这些绝非佛罗伦萨理念的必然结果，正如我们所记得的那样，佛罗伦萨的理念将赋形置于形式、运动与空间的基础之上——但更为频繁地，这是一种愿景，即希望用古代世界本身的色彩来呈现他对古代世界的想象；如果这只僵死之手的触碰没有完全麻痹自己，且令人欣慰地具有活力与抵抗力，那么它依旧会成功将轮廓线放松到一种松弛的状态，这种状态更容易在罗马浅浮雕中发现，而不是在追随他的学徒贝利尼与图拉的作品中发现。这种太过标准化但极具诱惑力的产物没有敦促人们去努力理解，而是持续激励他们去模仿。尽管人们会承认，最早的模仿保留了原作的优秀之处，但连续的复制必然会很快迎来通常的结果，即腐坏与死亡。如果维罗纳绘画能免于这些灾难，且存活至以保罗·卡利亚里为荣，那么它必须要感谢阿尔蒂切里与皮萨内洛流传下来的可靠遗产：纯真的观察、色彩的感受与健全的技艺。正如本书前文所提，它们是维罗纳与欧洲北部其他地区所共有的功绩。

十一

15 世纪的维罗纳画家违背了两股截然相反的趋势。其中一个在多梅尼科·莫罗内 [Domenico Morone] 身上体现得最为明显且有说服力，即在接纳由曼泰尼亚引入的新意象与新姿态的过程中全盘否认旧的精神。另外一个则由利贝拉莱 [Liberale] 引领，趋向于保持旧的类型以及能与新图像妥协的旧方式。这个古代传统的党羽是如此顽强，以至于成功地传播到了 16 世纪画派那里，而后者正是由这两场运动融合的结果。

我们只知道多梅尼科·莫罗内生平的最后阶段。在他现存的一件重要作品，即藏于米兰克雷斯皮厅 [1] 再现博纳科尔斯被贡扎加驱逐出曼图亚的油画中，我们看到了一场文艺复兴时期的战斗，但它更像是一场热情洋溢的盛装游行，而非一场屠杀。优雅的骑士灵巧地骑着训练有素的马匹，正优雅地冲向另一位骑士，有时双方甚至向对方弯腰，仿佛不怀好意。但显然他们不会对彼此产生任何伤害，仅是保持姿势，以最有利的方式展示他们的优雅举止、灵活的四肢和战马的气魄。他们聚集在宽敞的城市广场中央，四周环绕着古色古香的教堂外立面，背靠远山，确实令人神往。

这样结局的人一定是作为勤奋的工匠起步，因为艺术如爱情一般，"只有勇敢之人才配得上公正"。确实，在圣伯纳尔教堂有着一幅损毁的壁画，没有违背对优雅与高贵的思考，但每个迹象都表明它是在把控形式与运动野心的压力下完成的。它们几乎提出了一个问题：他们的创作者是否在帕多瓦学习过。他早期奋斗的隐约回声传递到了他学徒的一件作品中，除了卡洛 [Caroto]，这些学徒是他们这一代中最优秀的画家，这一事实也可以进一步证明其中存在着某种智性尝试。但是曼泰尼亚对莫罗内的影响与实际的亲近关系相悖，且将他推向标准化与某种优雅，而在愉快的环境之中，这种优雅是此种强化最初的也是最好的产物。

几乎没有剩下什么需要他的儿子弗朗西斯科以及他的其他追随者如吉罗纳莫·代·利布里 [Girolamo dai Libri] 与卡瓦左拉 [Cavazzola] 去完成的了。作为他的模仿者，他们距离源头更为遥远，且他们缺少其相对严格的训练，无法获得他优雅而生动的动作。值得称道的是，他们似乎没有做任何徒劳的努力，只是限于向外国传播那没有野心、真诚且常常是令人愉悦的模仿，以及对老师风格与运动的重组。作为严肃的人物艺术，他们的作品并不比翁布里亚艺术家的好上多少。如果他们没有那些艺术家平衡空间的协调感，就会用诗意的风景背景和柔和的散射光来取悦和安抚人们。他们的布局也是一样的平静简单，而群像的面积或许更大一点。他们的类型常常是沉寂的，甚至是迷狂的，尽管这

---

[1] 现藏地为曼图亚公爵府。（编者注）

蒂莫泰奥·维蒂,《圣母领报》,1522-1524,梵蒂冈美术馆

多梅尼科·莫罗内，《贡扎加与博纳科尔斯之战》，1494，曼图亚公爵府藏

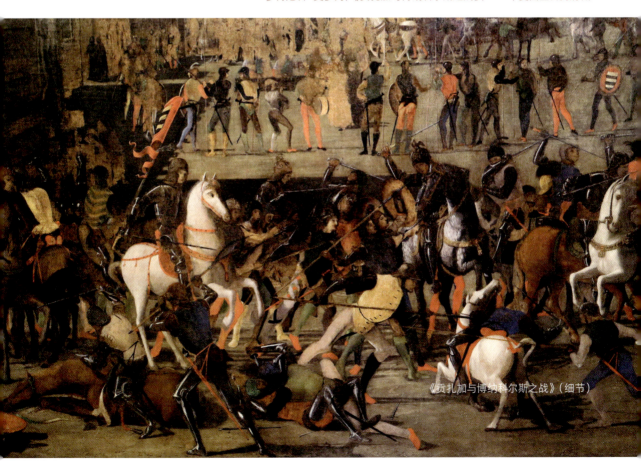

《贡扎加与博纳科尔斯之战》（细节）

吉罗纳莫·代·利布里,《圣母子与诸圣》,1533,维罗纳古堡博物馆藏

些类型同时散发出安宁，将他们的后继者保罗·委罗内塞的每一幅画都变成了健康神庙。他们随后发散出仅与威尼斯人共享的光芒，由于他们将色彩当作组成可见世界的材料与物质处理，而非像意大利其他地方那样只把色彩视为附着于事物表面的颜料。出于这些原因，如果首先排除佩鲁基诺与拉斐尔，人们或许会将多梅尼科·莫罗内的画派与菲奥伦佐·迪·洛伦佐画派相提并论。虽然排除了很多艺术家，但翁布里亚剩下的艺术家几乎低于维罗纳艺术家的平均水平，就像佩鲁基诺与拉斐尔高于维罗纳艺术家的平均水平一样。

人们可以由此一起谈论多梅尼科的追随者们，因为他们的相似性比不同之处更为显著。虽然如此，每个人都带来了其气质无法阻挡的创新。弗朗西斯科·莫罗内是他们中最为严苛的，好像在他父亲仍保留着更为古代且更诚挚的幽默时就受过教育。确实，现藏于维罗纳圣伯纳尔教堂的《上十字架》[Crucifixion] 中，高悬于低矮地平线之上的巨大十字架以及坚实的人物必定算是这个庄严题材中最激发人心的处理了。他从这种紧张的情绪中衰退，但未失去他的诗意，这种诗意主要表现在满是薄云的天空，在美化后的日出或日落中被染成紫色或古铜色。他有着近乎乔尔乔内式的天赋，能将风景与人物融进浪漫的意义之中。现藏于米兰的《参孙与达利拉》[Samson and Delilah] 将观者送到向往的甜美世界中，一个无法实现欲望的世界，一种抒情诗的氛围，如音乐般调和存在。

吉罗纳莫·代·利布里也许是多梅尼科学生中最有天赋的一位，所获成就确实最为人称赞。他的作品不仅更为坚实且有着更好的动作，还在风景画中获得了更为充分的实现。在风景方面，他若不是一位大师，至少也是一位魔术师。那充满了舒适甚至是诗意灵性的自然景色完全沉浸在温暖的宁静光线之中，是多么宏伟、美丽且人性化的场景！正如维罗纳美术馆《圣母与圣彼得及圣保罗》[Madonna with Peter and Paul] 所示，三位人物被和谐地框在如拱门一般的水流与土地、山峰与草甸之中，相距又是多么的遥远！吉罗纳莫仅仅未能成为一位伟大的空间建构者，一位更伟大的佩鲁基诺。

卡瓦左拉是这个群体中最年轻的一员，在这一传统中最不从容，又缺少富有成效的反抗天赋，除了在肖像画与风景画中，某种程度上他是令人反感的。但有时如德累斯顿肖像画所示，他获得了近乎丢勒般的强烈情感，却坚持着他所属画派的大块面处理方式。而在维罗纳《下十字架》[Deposition] 背景的风景中，他又是卡纳莱托宁静效果的先行者。

吉罗纳莫·代·利布里，《圣母子与诸圣》，1533，维罗纳古堡博物馆藏

十二

　　与维罗纳画家竞争的团体中，利贝拉莱站在最前面。他被培养成一位微型画画家，或许正因为此——因为传统在二流艺术中持续时间最长——他的类型与色彩方案与老画派保持了一生的紧密联系。但是他没有免于新艺术的影响。无论是在锡耶纳与意大利最富智慧、最富有想象力且最成功的微型画画家吉罗拉莫·达·克雷莫纳 [Girolamo da Cremona] 的交往，还是返回时被伟大的雕塑家里佐 [Rizzo] 吸引，抑或是匆匆一瞥曼泰尼亚甚至是贝利尼较早期的代表作，又或者确实更有可能是上述这些事件的结合，他发现有充足的机会去熟悉新运动的产物。不幸的是，他似乎从未完全理解它的起因，以及由此带给他的缺陷。利贝拉莱天生对形式与结构有着不够深刻但又不同寻常的感受，同时他还带有某种诗意的感受，如果利贝拉莱接受了佛罗伦萨甚至是帕多瓦的教育，他就不会满足于如此之少的杰出作品，而这些只是他天赋的偶然成果，他会学会系统性地开发自己的天赋，就好像具备科学知识的矿工挖掘贵重金属一样，而不会像一个没有思想的野蛮人，满足于幸运地在地表或地表附近发现的事物。在灵感枯竭之时，他也不会在漫长的晚年画出不佳而可鄙的图画。

　　他的起步就很辉煌，因为他在十几岁的时候就开始创作，作品尽管不如吉罗拉莫·达·克雷莫纳，但仍是意大利最优美的微型画之一。这些作品常常有着机敏的动作与非凡的色彩活力，它们有时几乎达到想象赋形 [Imaginative Design] 的罕见高度。在锡耶纳大教堂图书馆看过它们的人极少会忘记正在吹气的北风之神玻瑞阿斯的蓝色身躯，或是祭坛上戴着白色包头巾的如克林索尔般的牧师，抑或是圣安吉洛城堡的景象。完成这些作品后不久，他一定是在贝利尼，当然也包括里佐的影响下画出最富智慧且最受人钦佩的作品，即现藏于慕尼黑的《哀悼基督》。尽管画中婀娜的轮廓线显露出他微型画画家的身份，尽管它的衣褶不经意地取自雕塑作品，而在雕塑艺术中，这些褶皱即便不美观也是简单明了的，这幅《哀悼基督》令人印象深刻，效果令人信服。它不会让观者质疑画中人物的存在，他们行动的真实性或表情的真诚感染力。依旧是在里佐的推动下，他绘制了两幅塞巴斯蒂安，一幅现存于柏林，另一幅则在米兰，两幅作品即使不是当时完成度最高的裸体也是最漂亮的，这些人物的不足和优点都可以与罗浮宫中佩鲁基诺的《圣塞巴斯蒂安》[Sebastian] 相比较。米兰画作中的背景是威尼斯运河现存的最好呈现之一，它有着豪华的宫殿与室外生活景象。英国国家美术馆的《迪多》[Dido] 是利贝拉

利贝拉莱，《哀悼基督》，1490，慕尼黑老绘画馆藏

莱最迷人的作品，在建筑中感受到的更大欣喜，物质之美及其与天空和风景的联系，还有它对人有益的装饰性——所有这些特质都在之后保罗·卡利亚里的艺术中发挥了出色的作用。另一个方面，如维罗纳大教堂《耶稣显现》[Epiphany]，这样的作品虽然基于乌菲齐美术馆藏曼泰尼亚的伟大创作，却有某种质朴和提洛尔式的东西环绕在其周围，好像一个习惯约德尔唱法的牧羊人试图歌唱巴赫的《圣诞清唱剧》一般。利贝拉莱晚期的作品则证明了他很少服从人物艺术的严苛教条，因为它们多数都仅是破布。

十三

此处，我们不必在如乔尔菲诺 [Giolfino] 这样的利贝拉莱追随者身上停留，他对丑陋之物的趣味偶尔因某种异想天开的魅力而得到缓解。还有托尔比多 [Torbido]，在他被朱利奥·罗马诺带来的潮流席卷之前，尝到了乔尔乔内艺术的纯净之泉，而后焕然一新，画了两三幅令人难忘的肖像画，如藏于多利亚画廊的《沉思的年轻男子》[The Wistful Young Man] 与现藏于帕多瓦的《常春藤冠青年》[The Ivy-Crowned Youth]。

利贝拉莱最好的一位学生是弗朗西斯科·卡洛，他基本上是这代人中最有能力的维罗纳画家。在曼图亚的逗留使他受到曼泰尼亚的个人影响，这不仅超过了其他同乡人对他产生的影响，而且使他准备好与同乡人中更偏曼泰尼亚的风格相融合。因此，我们之前所述的两种趋势在他身上完美地碰撞交融，同时还未失去各自的特征。但这些特质从不是智性层面的，晚年的曼泰尼亚也没有带给卡洛他需要的准则。他的生活中没有这些，也没有自己的想法，但他隐约地意识到它们的需求，并谦逊地渴望成为拉斐尔或提香的接班人，甚至准备好复制其他人的赋形。

因此，卡洛在精神上仅仅是一个折中主义者，但对他而言令人高兴的是，前辈的传统习俗依然牢牢地约束着他，甚至在他迷失了方向的时候，也从未偏离他们的色彩感与可靠的技艺。相反，对这些传统的忠诚使他能够将其改进甚至拓展，并将其传递下去，成为一个被保罗·卡利亚里完善至近乎无可匹敌的手段。

在如圣乔治的《圣厄休拉》[*St. Ursula*]，卡洛所绘清秀的女子以及圣菲尔莫祭坛画所绘的健壮男子，有某种迷人而简约的东西。在他的风景画中有一层薄雾、一种疏离感，有时还有一种让人联想到莱昂纳多的神秘感觉。在他罕见的最佳状态中，他的色彩有着提香晚期近乎稀薄为单色的和谐。同样是他最棒的肖像画，像佛罗伦萨藏的悲伤的乌尔比诺公爵圭杜巴尔多和他杰出的公爵夫人，有着最好的赋形和最华丽的色彩。尽管它们结构薄弱，但仍被误认为是曼泰尼亚之作，且有批评家认为它们配得上拉斐尔之名。

十四

帕多瓦地区在多纳泰罗的影响下创造的形式，又经曼泰尼亚受古代的启发得以发展，我们目前谈到的艺术家，他们的视觉化模式从未突破这种形式。我已在《意大利中部画家》中提到了视觉化，它在艺术中发挥了多大的作用，又是如何受到理解艺术中具体问题的成功或失败的影响的，以及它产生的艺术作品如何改变甚至决定我们每个人观察可见世界的方式的。我无需重复已经说过的内容。但在这里，为了更好地理解后面的内容，我必须更具历史性地来对待这个问题，并以这本小书允许的简略和近乎晦涩的形式补充一两点评论，而这些评论需要很多卷的评论和实例才能得到充分说明。

在 1275 年到 1575 年的三个世纪间，当意大利创作出值得全宇宙关注的杰作之时，视觉化发生了两个变化。起初，我们发现了一种基于线条的方法——开始是基于终结线，由形式降低品质而来，随后则是基于可延展的线条，有时甚至是功能线，这恢复了被弱化的形式，赋予它轮廓并将其提升至早期锡耶纳作品中的尊贵之美。在乔凡尼·皮

弗朗西斯科·卡洛，《圣厄休拉》，维罗纳布拉伊达圣乔治教堂藏

弗朗西斯科·卡洛，《女子肖像》，1505—1510，罗浮宫藏

萨诺和乔托的影响下，这样线性视觉化模式开始让位给造型，后者基于平面感并致力于充分表现实体与体积。这两位先驱的追随者们受限于天赋的缺乏，造型的视觉化不得不等到 15 世纪才彻底胜利。直到伟大但并非有意革新的乔凡尼·贝利尼——迄今为止他都是一位造型想象的能手——突然以另外一种模式开始视觉化时，才算勉强获得胜利，为了区别于线性 [linear] 和造型 [plastic] 模式，我将其称作为涂绘 [pictorial] 模式的开端。这得以发生是因为他发现了色彩的可能性。在他之前，除了在维罗纳的某个初级方法中，无论色彩的美丽有多么迷人，都仅仅是添加在真实物质上的装饰而已，在 14 世纪那些真实的物质是线条，到了 15 世纪则是充满光影的线条。自贝利尼开始，色彩成为画家的素材，如果不是他的唯一手段，也是他创造效果的主要手段。但贝利尼从未幻想过抛弃造型想象演化出的形状，他只是用色彩而非线条与明暗对比来处理画面。他只不过为了涂绘造型 [plastic-pictorial] 而放弃了线条造型 [plastic-linear]。

现在，贝利尼伟大的追随者乔尔乔内与提香作为艺术家太过智慧，也过于坚定地扎根于一个强大且新近的过去，以至于仅如其师一般无法放弃诞生于 15 世纪的形式感、运动感和空间感。他们及其同行还有学徒们仍停留在涂绘造型的视觉化模式之中，从未触及纯粹的涂绘——不仅丁托列托如此，甚至巴萨诺也是这样。但委罗内塞一开始就对作为材料的色彩有某种基本的感受，并迅速领会了贝利尼的启示，他没有任何连续的形式传统，也没有任何稳定的智性目标。他们发现想要放弃造型元素转向纯粹的涂绘太过简单。

十五

意大利首位纯粹的涂绘艺术家是卡洛的弟子多梅尼科·布鲁萨索尔奇 [Domenico Brusasorci]——读者需了解这是一句历史陈述，全无赞美之意。然而，并非所有布鲁萨索尔奇的作品都能从这个角度展现他。他的多数作品虽令人愉快且偶尔讨人喜欢，但讲述的故事却是在米开朗基罗、帕尔米贾尼诺 [Parmigianino]、提香和博尼法齐奥 [Bonifazio]之后，背负着卡洛的思想包袱跟跄跄摸索。但在圣尤菲米娅的祭坛画、主教宫的壁画，或维罗纳里多尔菲宫那些内在价值更低的作品，还有在维罗纳以及特伦托其他地方的某些装饰中，以及乌菲齐美术馆中被人认为是由他所作的乔尔乔内肖像画，或者在更好的那幅女子肖像画，以及 E.P. 沃伦 [Mr.E.P.Warren] 与刘易斯收藏的肖像画中，我们发现了一种处理轮廓线、体块与表面，以及群像与搭配的方法，甚至发现了对实际笔触产生效果的依赖，在我们看来，这些作品只因为不可避免地背负着 16 世纪意大利文艺复兴的外形与姿态，所以不如提耶波罗 [Tiepolo] 或今天的某些著名画家那样现代。因此，布鲁萨索尔奇的历史意义在于最高级的样式，由于色彩几乎完全摆脱了塑形的形式与线条而产生了全新的想象，他重新设计了手边之物，如乔托和曼泰尼亚在他之前所作的那样，留下了一种布局与灯光的方式，以及实际构图的方法，使其继承者能够不加改变地使用。

有人或许会问如果他带来了一样多的创新，那为何他不被人认为与乔托或曼泰尼亚一样的伟大？答案也简单。创新在艺术世界中是一个极次要的原因。在那个世界中只有内在特质重要，且这种特质无论是通过何种材料或想象获得，都必须将形式、运动与空间协调在一起，而布鲁萨索尔奇在这方面仅是一位较差的大师。

他的追随者法里那提 [Farinati]、泽罗蒂 [Zelotti] 和保罗·卡利亚里，更不用说其他

多梅尼科·布鲁萨索尔奇，《女士肖像》，约 1550—1559，罗德岛设计博物馆藏

像菲利斯 [Felice] 和他的儿子贝尔纳迪诺·尹迪亚 [Bernardino India] 这样的人，阐明了这种新材料与新范式的价值，其方法或许在此后被重复了数百万次，正是因为他们的视觉化方式（若有的话）依旧盛行于绘画世界。这种模式在天才手中可服务于至高的目的，但对于平庸者而言它无法提供任何帮助。它们不像乔托和 15 世纪文艺复兴传统那样吸引着这些画家，并培养和引领他们，使他们能够创作出最好的作品。它用他们赢弱力量无法承受的工具来武装他们，而不提供指导，只在他们混乱之际鼓励他们探寻创意。

　　尽管法里那提靠模仿布鲁萨索尔奇的模式完成了许多杰出的工作，但他结局悲惨，而保罗仅向布鲁萨索尔奇的模式中添加了一点东西——少到连这位大师的许多赋形都被算作是他学徒的作品，他以天才之力将其提升至艺术宫殿之中，其中只有几座高低不一的大厦，但都很宏伟。我在《威尼斯画家》中已经提到过保罗的事业，此处我只能简要提及他与前辈们的关联。在某种意义上，尽管他与布鲁萨索尔奇之间的联系如同乔托和奇马布埃或曼泰尼亚与斯夸尔乔内一般，但他并不在最伟大的艺术家之列。孕育他的画派欠缺智性传统，阻碍着他将自己提升至最罕见的高峰。但总的来说，他是最伟大的涂绘构想大师，其程度与米开朗基罗在造型方面不相上下，有待商榷的是，米开朗基罗仅作为一名画家是否超越了保罗·委罗内塞。

十六

我们必须回到一个多世纪之前米兰及其附属地的文艺复兴开端。在一个如此繁荣的国度，绘画艺术一定得到了各方物质上的鼓励，那里有许多富丽堂皇的城镇，不乏富有的乡绅，还由热爱华丽的王公所统治。那里的画家多到还有盈余，正如我们可以从乔凡尼·达·米兰诺 [Giovanni da Milano] 在佛罗伦萨的活动以及莱昂纳多·达·比苏琪奥 [Leonardo da Bisuccio] 在那不勒斯圣乔凡尼·卡尔博纳罗教堂所作的壁画中推断出这一点。但艺术的生命必须仰赖经济或政治之外的因素，否则人们不会说米兰和她所有的土地上从未诞生过一位哪怕接近一流水平的画家。米兰她缺少天才，因此在审美方面总是处于从属地位。在 14 世纪，她的画家主要是地方性的乔托风格，在下个世纪的前几十年中他们则是皮萨内洛谦逊且有些古怪的追随者，确实，如果我们撤掉福帕、布拉曼特 [Bramante] 与莱昂纳多的名字，在 15 世纪剩余的时间和 16 世纪上半叶，米兰绘画的编年史将极为简要。福帕是一个布雷西亚人，在帕多瓦受训，莱昂纳多是一个佛罗伦萨人，而布莱曼特同样也是在佛罗伦萨受到的教育。不可否认，米兰在这些年中存在一个画派，就像罗马在同一时期也有画派一样；但米兰画派几乎不比罗马画更具有本土性。

现存米兰 15 世纪早期最为重要的作品是蒙扎大教堂简明的环形壁画，讲述着女王西奥多林达的生平。它们的灵感显然来自皮萨内洛，审视创作者如何省去塑形，使线条松弛并加入"漂亮" [prettiness]，尤其是漂亮的面部，会很有趣。人们几乎会谴责这些壁画的矫饰意图，故意去掉了所有会干扰漂亮的东西。

蒙扎大教堂这些壁画的真实之处适用于整个米兰画派。暗示着温柔甜蜜的漂亮，构成了米兰画派的根本实质。如同无边无际的肥皂泡海洋，即使最突出的人物也被一种无形的彩虹色所覆盖，较不突出的身形则被溶解其中，就像闪烁海面上的露珠。

如果我们稍作停留，考虑一下自然与漂亮的源头，便很快能够理解为何它一度是二流艺术和流行艺术的源头。漂亮是移除感官的永恒成因后美的所有残余物。美则是我们在意识到它们可提升生命力的时候赋予可见事物的特质。在人物艺术中，那种特质是触觉值（或形式）与运动之间完美和谐的产物。它体现在外形、姿态与构图中，使艺术家能够用他掌控的想象传达他的效果。就其本身而言，这些外形、姿态与构图本身仅仅是表皮，当它们从生长的躯体上脱落之时，也会像表皮一样迅速地枯萎、干瘪，并落入尘土。

不能塑造触觉值和运动感的画家，换句话说，没有创造性才能的画家，沦为那些有才能画家的模仿者，因为艺术中所有外形、姿态和布局在本质上都是生命传递力量的结果。艺术家的这类模仿必然缺乏形式且是空洞的，因为若他能够创作出内在实质与生命力的效果，他便不需要模仿，模仿只会拥有没有生命的美之表皮。但是正如死亡夺去人类灵感与持久意志时，人的面部会立刻呈现出它最可爱的表情，当艺术生机勃勃的塑形被消除，进而变得平滑且简单时，当它撤走运动而变得松弛时，艺术也会在那一刻变得最具魅力且迷人。创造出它的热情活力与生命存在没有完全离开它，而所有使人不堪重负之物、所有如燃烧灌木之物都让位于任人摆布于掌心之中的事物。

正是在艺术衰退的时刻必然会产生漂亮（顺便一提，漂亮是衰退最初成果的动人之处），由于已说明的原因，漂亮必然如其所是的更低一级。同时，它是流行的，因为它容易理解，甚至达到了讨好的程度。

紧接着要说的是，只在既定的艺术运动达到顶峰，当美达到极致时，漂亮才会出现，如此有意地享受将诱导人去模仿表面成因，但这只是赋形或图案而已。古代艺术并不容易产生漂亮，因为在那种状态下的艺术，显然在努力理解形式与运动，以至于任何模仿都会展现同样的热情，因此无论程度多么微弱，都能分享到它的卓越之处。当古代艺术被模仿时，会导致粗糙、古怪与幼稚的荒谬，但不会产生漂亮。当古代艺术确实出现优美时，或许可以恰当地将其看作已终结艺术最终阶段的幸存物，正如哥特式的漂亮偶尔会在 15 世纪所有认真的努力中展现其迷人的一面。

有必要对漂亮说上几句，因为它与真艺术的斗争占据了米兰绘画史中很大的篇幅，尽管更多的确实是在其后期而非较早期。

十七

至少正如我们所知道的那样，15 世纪的米兰绘画得以存在要归功于文森佐·福帕。尽管他的构图与风景偶尔展现出皮萨内洛式训练的迹象，但他是在帕多瓦与贝利尼、曼泰尼亚与图拉一起接受严格的教育。他的成就如流传至我们手中的作品所呈现的那样，无论数量还是质量或许都逊色于他的追随者。然而若将曼泰尼亚放在一边，人们可能会质疑福帕的天赋是否要逊色于图拉甚至是贝利尼。倘若这些艺术家如他一般被所有灵感来源放逐，倘若他们在其更具可塑性的阶段被完全剥夺令人兴奋的竞争，他们或许也会停在他所处的位置，甚至还会更早地这么做——正如图拉一样，尽管他起步晚，与帕多瓦、

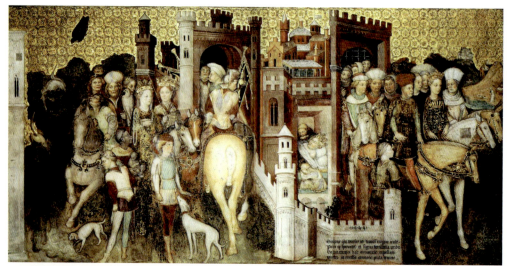

《西奥多林达生平壁画》（细节），1430—1437，米兰蒙扎大教堂西奥多林达墓室礼拜堂藏

威尼斯保持着紧密关系。福帕的发展停滞不是因为天性迟钝，而是因为缺少刺激，从现藏于英国国家美术馆《耶稣显现》[*Epiphany*] 的透视和光线中或许能合理地推断出这一点，这也告诉我们，尽管他当时已超过五十岁，仍很快获悉布拉曼特的情况。

甚至可以想象福帕在有利的环境中会朝向什么方向发展。除了他在布拉曼特影响下绘制的建筑，他对人物和风景的处理显示出他对内在实质的强大理解，但他并不关心外表的精准与清晰。或许他不像同时期其他任何一位大师，他倾向于缓和事物外表与大气之间的冲撞，色彩感也与之相一致，因为他更喜爱接近单色，有着闪光效果的银色，而不是业内翘楚所推崇的斑斓色彩。寥寥几语足够展现福帕的天性有别于曼泰尼亚或图拉，

文森佐·福帕，《三王来拜》，约 1500 年，英国国家美术馆藏

而与乔凡尼·贝利尼相似。在这样有利的起点下，这位布雷西亚人可能和威尼斯人一样早早获得了涂绘想象力，甚至比后者还要更早，因为他从未像贝利尼一样经历过最初轮廓高度精确的阶段。

福帕所获得的成就即使比威尼斯人少很多，也是相当可观的。以他对内部实质的深刻感受，他的宏伟形式有时会让人不禁想起皮耶罗·德拉·弗朗切斯卡。尽管他缺少空间的诗意，回避动作而不是设法捕捉，但他的构图仍可挤身那个世纪最令人印象深刻的作品之列。他从来都无功也无过。正如我们看到他在米兰的两幅《圣塞巴斯蒂安》[St. Sebastians] 时必须承认的那样，甚至连他画的动作也是大师手笔，而在如柏林的《下十字架》[Deposition] 这样的作品中动作则出自伟大的大师之手。对这个主题其他什么样的处理能让我们也发现这如最高贵的米开朗基罗般风格？他的构思与贝利尼一样，严苛中有一抹柔情的微笑。没有作品要比福帕的某些画作在精神上更接近威尼斯的圣母玛利亚——例如那件属于特里武尔齐奥王公的作品。他的色彩方案有着遍布画面的银灰色与柔和的绿色，是他试图传达所有感受的完美载体。确实，在意大利北部地区，他仅排在曼泰尼亚与贝利尼之后，而他的影响力则毫不逊色于这两位，遍布布雷西亚、热那亚海湾与塞尼峰山顶之间的所有角落和裂缝。

十八

我们不能在布提诺 [Butinone] 与泽纳莱 [Zenale] 身上耗费时间，前者更年长，几乎未超越多纳泰罗和曼泰尼亚引人注意的小模仿者格雷戈里奥·斯基亚沃内 [Gregorio Schiavone] 的古怪与异想天开；而两人中较年轻的那位则足够巧妙，能够将某种二流的莱昂纳多创作产物嫁接到坚固的福帕树干之上。他们共同绘制过一幅多联画，这件作品现在仍以其光彩照亮着特雷维谬 [Treviglio] 肮脏的集市小镇，他们两人都在那里出生。这基本上都是福帕艺术的后代，但它们没有那么严肃，更令人快乐，且尤为华丽。

福帕的追随者中最为著名的一位是安布罗乔·博尔戈尼奥内 [Ambrogio Borgognone]——人们禁不住会说他是整个米兰土地上最有名的本土画家。诚然，他的视野被限制了，几乎没有将他引到老师的眼界之外，同样他在形式、运动或空间构图方面并没有特别杰出之处，他也未因此而声名显赫。他也没有完全摆脱作为模仿者的柔弱无力和晚年时在其他国家泛滥的漂亮。但他给我们留下了真正虔诚的艺术中最为克制、最深刻且最优雅的

文森佐·福帕《圣塞巴斯蒂安》，
1490—1500，斯福扎城堡画
廊藏

安布罗乔·博尔戈尼奥内，《圣
母子与圣徒》，约 1490 年，英
国国家画廊藏

表情。倘若基督教的虔诚是信教之人在绘画中获得愉悦的真正源头，那么相较于目前最受欢迎的画家如弗拉·安杰利科、弗朗西亚或佩鲁吉诺，他们会更喜爱博尔戈尼奥内。但他们有意识地被所有这些大师的甜美类型所吸引，无意识地被安杰利科的线条与色彩的魅力、弗朗西亚凉爽的绿色草甸以及佩鲁吉诺的和谐空间所吸引。这位米兰人在这些方面都不怎么有吸引力，然而，他除了是一位难得且高贵的图解者，还是一位伟大的画家。

作为一名画家，他也许是最接近文艺复兴时期的惠斯勒，因为他坚定地保持造型视觉化的习惯。他有着惠斯勒对和谐色调以及综合的、简略的、象征性的素描的热情。这样的素描几乎无法与他祭坛画人物中造型的坚固性相抗衡，更不用说他风景画中的人物（尽管某种程度上更多）。但在他瞥见的城市街道、运河延伸段、乡村小景，以及有时极小的人物中，他的趣味则更为自由地遵循其爱好。于是他使人想起了精致的美国人，而不是其他意大利人。在南特的一件作品中，有完美和谐的灰色、蓝色及黑色，那是现代艺术家都无法轻易超越的。

十九

随着博尔戈尼奥内的出现，米兰人的福帕传统消失了。但早在福帕离世之前，他的家乡布雷西亚作为这个传统的分支，注定会将其拓展至最大的限度，带入到涂绘想象的新视野中，从一开始，它似乎就很适合。此处我们暂时将这部分留到讲完米兰绘画以后。

让我们回到 15 世纪最后一个十五年的开端，福帕的风格还未完全攻占它的地盘。布拉曼特强化了福帕的风格，那时他在米兰停留了许多年。鉴于布拉曼特的形式已经如此先进，以至引来模仿和漂亮，而非坚实的理解，还因此发挥着溶解剂一样的作用，就像莱昂纳多的艺术在更大程度上在其绘画领域所做的那样，或许有人会质疑他对伦巴第建筑的影响是否完全有益。可以确定的是，尽管布拉曼特在这个领域发挥的作用要小得多，但同样产生了非常重要的影响，且几乎有百利而无一害。不可能有另一种结果，因为福帕的问题仍是福帕的，布拉曼特则带来了那个时代最高的智慧之一，而这种智慧源自最先进且最严厉的教导。

作为一名人物艺术家，我们必须从他追随者的画作中的某些意大利中部元素来推断他，而非从他自己的作品中实在地了解他。尽管他从事雕塑、绘画，甚至版画实践，但显然这些作品即便不是由建筑决定，通常也都从属于建筑。然而仅存的几幅绘画作品展现了他是一位最严格意义上的装饰家，它们属于英雄类型，姿势如雕塑一般，形式宏伟，动作壮观，这些元素在精神和模式上都与皮耶罗·德拉·弗兰切斯卡及其学徒梅洛佐、西尼奥雷利和"巴尔托洛梅奥·德拉·盖特"[Bartolommeo della Gatta] 密切相关。然而，布拉曼特必然画得相对较少，否则他对这门艺术的影响比实际更明显。尽管这门艺术毫无疑问地延伸至了泽纳莱和其他人身上，但它主要还是通过布拉曼蒂诺 [Bramantino] 得到传播。通过他，艺术以适当的方式传播至米兰绘画的后期阶段，孕育了卢伊尼和高登齐奥 [Gaudenzio] 艺术中最好的元素。

布拉曼蒂诺的主要兴趣在其他手艺，尽管他出色地尝试了对形式的严肃处理，如我们在马诺区的《基督》[Christ] 中看到的那样，但他很快陷入了一种细致剔除实质的无形式与脆弱之中，后者令人轻视的效果需要他所有的魅力才能驱散。然而，他仍是令人着迷的。首先，他从自己的艺术先驱那里继承了某种翁布里亚—托斯卡纳式的诗意迷狂，这是他所具有的与生俱来漂亮的米兰天性无法挥霍，也无法化为乌有的。他有时确实是迷人的，如在布雷拉的《圣母与天使》 [Madonna and Angels] 壁画，或洛迦诺的《逃亡埃及》 [Flight into Egypt]。他保持着某种梅洛佐的宏大类型，而预先带有帕尔米贾尼诺或罗素的许多感性。其次，作为布拉曼特的学生，他有着对建筑剖面图的细腻感受，因此，如果没有人物，他的许多绘画作品除了总体布局的体块外，事实上没有失去什么。他尽可能多地从下往上塑造光影，同时还喜爱用富有诗意的对比处理光影，给人留下了一种完整的风格印象，其效果虽然常有本质上的劣势，却具有吸引力。在莱亚德女士收藏的 《三王来拜》[Adoration of the Magi] 或业已提及的《逃亡埃及》这样的作品中，如果我们想寻找严肃人物艺术的基础，则会碰壁失望。它们有着某些迷人的令人无法抵抗的东西，如同柏辽兹《基督的童年》中的氛围。

二十

文艺复兴时期米兰绘画的其他作品都是围绕着一位艺术家，他决定了这些画作的特征，塑造了作品走向，自他之后米兰绘画便被称为他的画派——莱昂纳多·达·芬奇画派，这个画派中最优秀的作品通常被认为是他自己的作品。

SOLI
DEO

布拉曼蒂诺·苏亚尔迪，
《圣母与天使》，布雷
拉画廊藏

布拉曼特,《拿着戟的男人》,1486—1487, 布雷拉画廊藏

　　接近 1485 年时，佛罗伦萨最有天赋的人在米兰定居，他那时刚过三十岁。尽管他已经画了《耶稣显灵》[Epiphany]，那是基督教世界截止到那时最不离奇且最具智慧的赋形，尽管他也离开了曼泰尼亚视为自己私有地的区域，且超越了那里的居民为自己设定的任务，但他还没有完全成长起来。他仍依附着韦罗齐奥交至他手中的许多仅是累赘[impedimenta] 的东西，他还不得不去发现自己获得完全自由的方式。几乎没有人认为到那里的路会穿过米兰的街道，而且可能会有人质疑如果莱昂纳多没有回到佛罗伦萨，他是否会找到它这条路。有人甚至会怀疑，如果他从未离开过自己的城市，他不会更快地获得这般更伟大的自我解放，还有人可能为他长期被流放到艺术中心之外而感到遗憾，这是艺术的损失，也是他自己的损失，也是美永久的损失。想象一下，如果他有着米开朗基罗与安德烈·德尔·萨托这样的学生，或至少是追随者，而不是安布罗乔·达·普

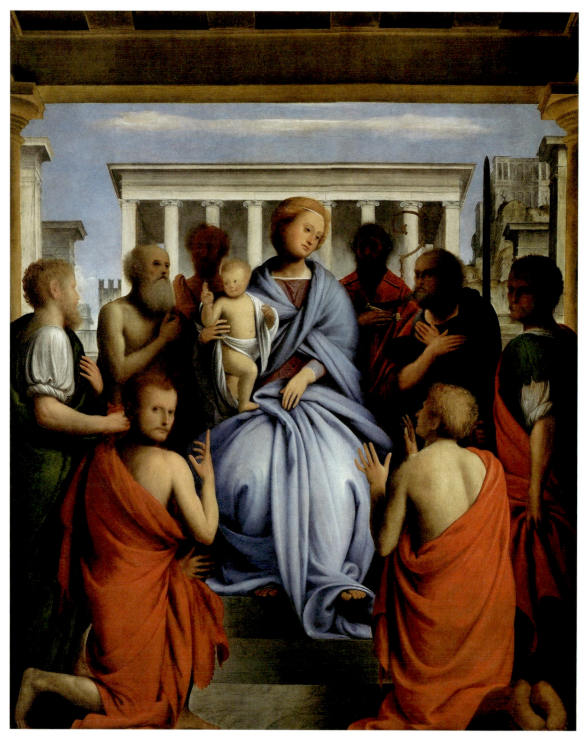

布拉曼蒂诺·苏亚尔迪,《圣母子与八圣徒》,1512—1514,乌菲齐美术馆藏

雷迪斯 [Ambrogio da Predis] 和博塔费奥 [Boltraffio]，情况会是什么样的？但是他在伦巴第度过了最好的岁月，也许还未受到对漂亮的流行热情的影响。即使是莱昂纳多，必须要画出感官主义者微妙的宫廷之美时，也不见得比路多维科·莫洛 [Ludovico il Moro] 好多少。由于对一切事物的回报是更多的相同事物，随着这位强大的天才每一次对迄今为止激情但模糊的魅力的屈尊揭示，这些雇主们可能会增加他们的要求。莱昂纳多自己也因此成了漂亮阴谋中的主要帮凶。因为如果他的至高艺术能够用美点亮最漂亮的女子，这就完全超出了普通人，即他的研究者所能做到的了。这种考虑或许可以解释为何莱昂纳多几乎将太多注意力放在了头部，及其所刻画的脸部表情为何危险地接近忍无可忍的边缘，它们也可以解释一个事实：在他居住在米兰的漫长时光中，他从未找到一个充分的机会使用自己最高的天赋——对运动的掌控。

如果莱昂纳多对米兰来说不是更好的，那么也可以认为对于他而言米兰也不是更好的。在普雷迪斯、博塔费奥、切萨雷·达·塞斯托 [Cesare da Sesto]、吉安皮特里诺 [Gianpietrino]、索拉里奥 [Solario]、卢伊尼、奥焦诺 [Oggiono]、索多玛及其他人作品的脸上，质疑莱昂纳多的长期驻留对米兰画派来说是否有明显的好处。听起来可能是自相矛盾的，但这些作品中大多数固有价值极少，附着其上的唯一严肃趣味是它们记录了大师的理念。它们的主要功能在于它们以如此易于理解且好记的方式如记忆术的韵律一般记录下这些理念，迎合的却是最普通的思想。忽略莱昂纳多在这些构图中的贡献，你便会忽略几乎所有赋予其价值的东西。我们感谢这些伦巴第人保存了佛罗伦萨人的赋形，只是像我们感谢那些保存了智者格言的信徒一般，他们太过专心或太过冷漠地用自己的双手记录这些话语。然而，如果任由其自然发展，可能这些米兰画家会拥有他们自己的表现方式而不会完全没有意义。如果伟大的伊特鲁利亚领主没有迫使他们去奴役抄写员，也许这些二流艺术家在受到关系密切的威尼斯画家的影响后，会在福帕传统之上发展出一个如布雷西亚绘画一般的画派，但范围可能更广，生命周期也会更长。可以想象它会在一位更像是委罗内塞而非卢伊尼的画家身上达到顶峰。

声名狼藉的奴化是对比自己更发达的思想和更先进的理念耐心地服从与几乎无止境地模仿，他们可能会对我们有益，使我们形成更好的习惯，并教授我们更好的方法，但这所基于的唯一条件是耐心的服从与几乎无止境的模仿。但是当我们仍处于这个见习阶段，到了成功成为他人复制品的程度时，则会在道德而非审美上更令人感兴趣。这一点在艺术中也不例外。解决了大部分职业问题的人和那些只解决了少数问题的人之间的接触，产生的短暂效果便是让后者将他所有的问题置之脑后，转而模仿那些他能做的事——显而易见的事物。在人物艺术领域，显而易见的事物表现为外形、轮廓和微笑。这些都被模仿者尽其所能地照搬，直到他明白它们在艺术上意味着什么，而那一天往往不会降临。

二十一

莱昂纳多对米兰绘画的首次影响比较微弱。除了以最表面的方式，只有他的几个助手和学生受到了影响。这或许是因为他仅为宫廷和相关的圈子作画，且几乎不被其他人所知，或是当地的手艺人还不愿承认其功绩的价值。因为他第一次到那里时，停留了十五年或者更多的时间，如果他再也没有离开，应该会留下些许模糊的痕迹。直到他久别回归之时，才产生了巨大且可能有些灾难性的影响。他在佛罗伦萨取得成功的消息传至米兰时，曾有一段时间，他那为数不多的拥护者的热情将同行们的注意力引向其伟大之处，并让所有的年轻画家都站在他这边。

米兰较早期的莱昂纳多追随者相较于后期不仅数量更少，且更未被奴化。他们知道其他大师，且已经形成了难以克服的习惯。而且莱昂纳多本人仍在探索，尽管他如此接近完美，但还未获得。因此还没有完成的作品诱惑他们。如果他们完全去模仿他，也必须模仿他所尝试的事物，且因为是尝试，他们的作品必然更具生命力。例如，莱昂纳多一直努力通过光影的手段强化越来越微妙的造型，这是他最终在《蒙娜丽莎》[*Mona Lisa*] 中实现的，在普雷迪斯和博塔费奥身上偶尔能看到一些对这样努力的认真思考，但几乎不会出现在更年轻的一代人身上，尽管他们的作品光鲜亮丽。毫无疑问的是，正是因为普雷迪斯更精通莱昂纳多的方法，他才能够完成一件像英国国家美术馆藏的《岩间圣母》[*Virgin of the Rocks*] 一般的复制品，这相较于更年轻一代人中更为浮夸的模仿者所复制的任何一幅《最后的晚餐》[*Last Supper*] 都更接近原作。

但即便是这些留下大量正直而高贵的男性肖像画的早期追随者，在试图追随大师对迷人女性和桃面男孩的描绘时，同样陷入到纯粹的漂亮之中。画了《波尔迪的弗朗西斯科·布里维奥侧面像》[*Poldi Profile of Francesco Brivio*] 的普雷迪斯，所有的思想与个性可能都陷入到现藏于纽约的《樱桃女孩》[*Girl with Cherries*] 的吉卜赛式漂亮之中。而博塔费奥则将米兰弗瑞佐利博士收藏的健壮男子半身像变为圣毛里齐奥教堂唱诗班女子头像，或是像他绘制的年轻救世主与圣塞巴斯蒂安一样有着柔弱少年的甜美。甚至像波尔迪与国家美术馆中的那些圣母像，也许都是基于大师的赋形完成的并充满了他的魔力，但博塔费奥设法用甜美和芬芳破坏它们。不可避免的是：因为莱昂纳多的女性与儿童头部有一种甜美的倾向，被他至高形式的掌控力实践所压制，但若缺少了这种掌控力，这种倾向必然会直接彰显自己。

这一点在那些学生身上更为严重，莱昂纳多回到米兰时太过繁忙，无法认真地指导他们，他将他们当作任务执行者而非研究者雇用，莱昂纳多已经完善了自己的艺术，创作出无法再进一步强化的类型，如《蒙娜丽莎》以及《圣母与圣安娜》[Madonna with St. Anne] 中的头像。每一次尝试复制它们，都注定会以纯粹的漂亮告终，除非在另一位莱昂纳多的手中。这完全是意外的结果，令人不快的仅是它太受欢迎了：这个结果一经揭示必定还会增加。它会借其内在动力如之前一样变得越来越甜美。它会吸引所有趣味，并终结于病态、做作与纯粹的粗俗，就像吉安皮特里诺、切萨雷·达·塞斯托与索多玛频繁发生的那样。

当我们欧洲人甚至还未意识到这种风格的时候，便坚持自己的个性，且绝不可能满足于只是复制我们的老师，无论他们有多么伟大。因此，当形式一度脱离美丽且富有意义的脸庞，二流艺术家如果不比他模仿的大师将脸部创作得更漂亮且更具表现力，该如何坚持自己的个性？不仅不存在别的道路，而且这条路线还很受欢迎且有利可图。但那条路位于地狱之中，人尽皆知想要在这条路上返回实属不易。

但是有人会问，为何漂亮和表情不是艺术愉悦感的来源？答案是：仅靠漂亮，无法吸引真正艺术领域中理想化的感受力，只能直接吸引我们的大脑、心脏以及更不高贵的部分，且是以现实而非艺术的吸引。爱慕画中漂亮女子的人以司汤达之眼将其看作是真实生活中相同脸庞的预示——它不可能是其他东西，因为活生生的漂亮是如此不可抵抗。因此，漂亮比一张照片更多一点，且几乎完全不算是一个艺术品质，鉴于人物艺术仅有的素材元素在想象中能够直接引发生命力的增强——形式、运动、空间与色彩——漂亮在创作过程中则是独立的。

表情是漂亮的孪生姐妹。诚然，我指的不是全身动作中脸部的无意识反映。那是被允许的，且有着作为图解的独立品质，尽管越伟大的艺术越会注意不要让这个品质脱离

乔瓦尼·安东尼奥·博塔费奥，《模仿圣塞巴斯蒂安的男孩像》，15 世纪晚期，普希金艺术馆藏控制。但我指的是在真实生活中我们与情绪相关联的表情，它被复刻是因为它在那里的价值。在艺术中，它的固有价值极少，或根本没有价值，因为所有这样的价值来自触觉值、动作以及两者的和谐，情绪表情所需的肌肉与脸部微妙的变形有关，但这些肌肉对我们没有任何系统性的影响，即便有也微乎其微，他们动作的构思只有直接传达的最微弱的生命的力量。

除了这些具体的艺术理由之外，还有至少一种更为普遍但重要的秩序反对艺术中的情绪表情。那便是超越其可见成因的直接表情表现——人物清楚呈现的动作——我们不可避免地会被引向超过或在艺术作品之外的源头，从中探寻成因。审美时刻，即我们与艺术作品合为一体时，这太过短暂但最强烈的狂喜被阻碍了，因为想象的对象没有像整个宇宙一般将我们所有的注意力完全吸引过去，使我们能够享有与之合一的感受，它迫使我们退回到好奇之中，远离信息，在我们心中建立一系列与纯粹的艺术享受相抵触的精神活动。

如果所有这些，与人物，与整体构图相符，那么对于单人头像而言则更为正确。在最好的艺术之中，头部仅是一个受限的表情媒介，伟大的艺术总是极为了解这些限制，这似乎是为了让脸部在单独呈现时展现出最为永恒的一面。但是这样的处理方式需要创作者部分的天赋，以及受众如天性般有教养的欣赏。普通的手艺人必须履行他肩负的职责，站在民众的立场上，创作他们渴求的作品，传达信息与前景而不是生命与幸福。

二十二

我对如圣彼得堡的《哥伦比亚美女》[Belle Colombine] 以及克拉科夫《抱貂女子》[Lady with the Weasel] 这样迷人的莱昂纳多式头像缺乏热情，我对此进行的说明或许已经够多了，足以让读者准备好接受我对卢伊尼、索多玛、高登齐奥·法拉利及安德烈·索拉里奥的评价。

卢伊尼常常是文雅、甜美且吸引人的。他的作品很容易就能组成一画廊的美丽女子，她们富有魅力，健康但不丰满，都是可爱的，且以其看似寻求支持的吸引力讨好我们最深处的男性本能。早些时候，他在布拉曼蒂诺满富幻想的灵感启发下，以新鲜且令人感到高兴的沉默讲述了一个《圣经》或神话故事。作为一名纯粹的画家，他同样有着温暖的和谐色彩，以及有时并没有高度但是细致的完成度，尤其在他较早期的壁画作品中。

但他是著名画家中最没有智慧的，因此毫无疑问是最无趣的。同样乳白色的双颊、同样甜美的微笑、同样优雅的外形以及相同的平淡，会让人感到多么无聊！没有任何事情发生！其中没有运动，没有紧握的双手，没有双脚站立，也没有人物抵抗。原子之间相互传递的能量不比一粒沙子的颗粒到另一粒沙子更多。

卢伊尼绝不可能知道如果要超越纯粹的有序再现，赋形必然要基于形式、运动与空间的可能性，他甚至都没有模糊地感知到这一点。正如我已经说明的，似乎莱昂纳多的每一位学生对这样严肃的问题都只有一点点兴趣，或许是因为这位大师在米兰完成的绘画作品提供的佐证并不充分，或许是因为学者们缺少理解它们的智慧。马尔科·德·奥焦诺 [Marco d'Oggiono] 的努力无疑使人们得出结论：其他人放弃得很好。但至少是卢伊尼无法抵抗莱昂纳多塑形中的微妙感，正如他几乎没有任何内容可以加以精练，最后，他在如国家美术馆藏《博士来拜》[Christ among the Doctors] 这样的作品中完成了彩色拼版印刷。他的技巧确实可以绘制百合花并装饰玫瑰，但在严肃的艺术中他则是无助的。考虑到他的举世闻名的卢加诺《耶稣受难》[Crucifixion] 中大量的混乱场景，每个试图表现真实的努力都终结于漫画式手法之中。他在萨龙诺的壁画类似佩鲁吉诺后期的作品，但不带有后者完全平衡的空间效果。

索多玛是莱昂纳多所有追随者中最有天赋的，却并不是一位伟大的艺术家，但他在最好状态下使我们半信半疑，若是经过严苛的智性训练，他本可以成为一位伟大的艺术家。可能他缺少的仅是教育与成为另外一位拉斐尔的特质。他显然对美有着强烈的感受，且时刻准备欣赏并努力吸收他人的最高成就——只要它不是太过智性的。但他既没有初始的训练，也没有用以掌控基础问题的持续勤奋，有意义的是当他在罗马停留数年并模仿拉斐尔的时候，他的许多绘画作品中，没有任何痕迹显示他对米开朗基罗的熟悉。

他的作品是令人悲哀的。没有形式，没有严格意义上的运动，且最终甚至没有可爱的脸庞或令人愉悦的色彩，而且没有任何迹象显示他与莱昂纳多的联系，除了歪曲那位大师目标明确的明暗对比法的粗涂及无功用的光影。

相较于莱昂纳多的其他追随者，高登齐奥似乎较少受到莱昂纳多或他作品的直接影响。他的气质是一位积极的登山者，有着某种粗犷的力量与坚强。他最早期的绘画作品，瓦拉洛耶稣受难中的场景是地方性的但是一幅大尺寸的优美细密画。在米兰，漂亮侵蚀

伯纳迪诺·卢伊尼，《女士肖像》，1520—1525, 华盛顿国家美术馆藏

了他，但从未完全占据他对真实的某种天然感受，这在其自我重申之时使他能够以鲁本斯的奇妙气息如其在维切里壁画中一般进行创作。

索拉里奥通过训练几乎成了一名威尼斯人或者一位莱昂纳多式的米兰人。他现藏于英国国家美术馆华丽的《参议员肖像画》[Portrait of a Senator] 使人们想起安东内洛[Antonello]、阿尔维斯·维瓦利尼与詹蒂莱·贝利尼。现藏于罗浮宫的《安博瓦兹红衣主教》[Cardinal d'Amboise] 甚至更多的是威尼斯风格而非米兰风格。但他大部分作品明显是伦巴第风格。然而，尽管他有极像瓷制一般的饰面、优美以及持久的微笑，但他既不像卢伊尼一般死气沉沉，也不像他一般墨守成规。要忘记罗浮宫《圣母与绿垫》[Vierge au Coussin Vert] 中的年轻人的欢愉比放弃这个画派早期对绘画任何其他热情困难得多。他们如何提升人们对美丽女子的幻想，所有这些画家现在都如此令人厌恶，又是如何引导欲望并满足希望的？年轻人仍以相同的眼光看待他们，而他们则从乐土的座位上微笑着看向我说道："我们是为年轻人创作的——你在这里做什么？"

二十三

在向东转向布雷西亚之前，福帕的传统正如我已经说明的得到了最终发展，我们必须向西快速瞥一眼。前文已经说过，这位大师的影响波及地中海海岸以及塞尼峰的山脊。但这个传统越过皮埃蒙特大区以后，遭遇了弗莱芒画派 [Franco-Flemish School] 传统的最后一波浪潮，被赶回去的同时它们也失去了部分意大利特质，获得了某种北方气质。对于历史学家而言，这场艺术形式的遭遇与融合，及其在艺术家精神领域暗示的所有东西会构成一个重要甚至有些令人欣喜的研究领域。但是对这场运动最完整的产物我们必须用一个名字表达满意——特芬丹特·法拉利 [Defendente Ferrari]。

若我们将特芬丹特·法拉利当作一位严格意义上的艺术家，那么第四等级对他而言或许都有些高估了，因为他没有人物艺术必需的任何品质。但他生来便抛弃了对这些品质的拥有权，并以此消除了批评，甚至在眨眼之间便诱使我们忽视了它们的存在。他给我们带来有着令人愉悦的色彩的平面图案，同样宜人，像是涂上了彩饰或亮漆，有时则是如珠宝般的光辉。在这些明亮的阿拉伯式花纹中，他编织了虔诚且是准弗莱芒式圣母的轮廓线，以及偶尔出现的某位赞助人的清晰侧面像——即使是最谦逊的伦巴第人也能

特芬丹特·法拉利，《圣克里斯平和克里斯平诺的多联画》，1523，都灵大教堂藏

安德烈·索拉里奥，《圣母与绿垫》，约 1507—1510，罗浮宫藏

安德烈·索拉里奥，《安博瓦兹红衣主教》，16 世纪，罗浮宫藏

很好地勾勒出的轮廓之一。我回想起一幅宏伟的三联画，镀金且华丽，带有雕刻讲究的哥特式华盖，中间是受祝福的处子玛利亚以及一位温柔的弗莱芒式圣母的剪影，她爱抚的手臂环绕着圣婴，好似漂浮在空间中一般，脚下有一轮新月。我承认，对这幅图画的记忆以使我更渴望去重新审视它，而不是去做许多更有野心甚至更令人敬佩的工作。特芬丹特像克里韦利一样生活在思想的洪流之外，如迷人的威尼斯人一般，尽管基于最谦逊的线条但也发展出其艺术中纯粹装饰的一面。实际上，"绘画"是一个涵盖许多独立艺术的术语，这位皮埃蒙特大师将其中一个付诸实践。它与伟大艺术之间就像是纪念铜碑与雕塑之间的关系，我们更喜欢好的铜器，而不是差的雕塑。

二十四

福帕真正的继承者是他的同乡布雷西亚人，关于福帕的偏好，他们得出了合乎逻辑的结论：银灰的和谐色彩与造型—涂绘想象。我们不应该在西弗基奥 [Civerchio] 与费拉莫拉 [Ferramola] 身上耽搁时间，因为他们中的一位太鲜为人知，另外一位则过于无足轻重，我们应该加紧论述他们的学生罗马尼诺与莫雷托 [Moretto]。尽管他们有很多缺点，但我们还是很高兴从米兰后期的画家转向这些布雷西亚画家。米兰人有着纯粹的外观色彩与仅属于造型的光影，布雷西亚人虽然天赋不高，但在威尼斯的适度影响下，可以自由地展现自己的个性。论述福帕的时候，我们注意到他与贝利尼的相同之处，并且注意到他们对内在实质的相同感受，他们都倾向于让这实质如其曾是的那样逐渐融入周围的气氛之中，且不流失自身的一致性，不像是被困在剃刀边缘轮廓线中一般陡然结束。福帕的追随者自然已经理解詹贝利诺 [Giambellino] 在这条道路上取得的所有进步，他的学生乔尔乔内与提香又将其完善。因此，从某种意义上说，政治与社会条件使莫雷托、罗马尼诺及其同行服从威尼斯的统治，他们在其艺术上全部都是威尼斯人。他们与威尼斯人的不同之处，首先在于如何对待福帕的遗产，即灰色、银色、相当幽暗的色调，然后是二流的绘画技术和智性目标的匮乏，依附他们的人和当地人必然常常期盼这样的目标，这也导致了创作上极大的不平衡。另一方面，他们在对想象力的情绪掌控上不落威尼斯人的下风，尤其是通过光线与色彩的调度，营造出严肃而和谐甚至有些鼓舞人心的情绪。实际上，正是这一点，几乎让他们的少数几件作品在世界伟大艺术之林中占有一席。

　　罗马尼诺更为年长一些，且更为灵巧与聪明，他才华横溢，也因此更不受拘束，却也更接近威尼斯风格。他深受乔尔乔内的影响，以至于不止一件作品由此影响塑造，并被归入乔尔乔内本人或提香名下。他的祭坛画通常在色调方面太过华贵且热烈，且其最佳品质仅出现在壁画作品当中。在壁画中，他飘扬的安逸、鲜艳干净的色彩与含蓄及常常令人快乐的赋形将人俘获。特伦托城堡阳光明媚的柱廊的确令人心情愉悦，罗马尼诺在那里的壁画以其脆弱的质感及更为鲜艳的色彩，有如华丽的蝴蝶漂浮在透明的春日空气之中！沿着贝加莫的芳香小道一直走到维隆戈室外神龛前停下，享受他绘画中轻松的宏伟与迷人的高贵，同样令人心情愉悦。

　　莫雷托是罗马尼诺的追随者与学生，是他同时代除威尼斯之外意大利北部地区中最接近成为伟大艺术家的人，即便我们将威尼斯包含在内，他也绝不是只能与博尼法齐奥这样的人平起平坐的。诚然，他并未像他们在《渔夫和总督》[Fisherman and Doge]与《富人宴会》[Rich Man's Feast]中做到的那样，记录几乎实现的辉煌和欢乐生命的文艺复兴之梦。他的色彩并不那么欢快，在他最差的状态下甚至还要更暗沉，但他远不止是一位手艺人或诗人，也因此远不止是一位赋形者。正因为这些天赋，当莫雷托处于最佳状态的时候，他的人物站得住脚跟，他们的四肢有重量，躯干也有实感。甚至当这些优点不太突出的时候，我们可以原谅他的许多缺点，因为他的色彩在光线和阴影的映衬下，闪烁着诗意的庄重。除此之外，他还有着不同寻常的表现天赋，以及对精神意义的真实感受。因此并不令人惊讶的是，尽管他没有留下像博尔多纳与博尼法齐奥两幅祭坛画那样令人无法抵抗的作品，但他创作出了真正更令人敬佩的赋形，更为真实的肖像画与更美好的单人头像。他现存于维也纳的作品《圣犹斯定》[St.Justina]是一件意大利英雄式的创作，带有某些近乎古代的壮丽与直率。在简化表达与庞大赋形方面，只有他在帕伊托内朝圣教堂中的绘画不那么引人注目，这件作品再现了圣母向一个农家男孩显灵的情景；值得与它并列的是在布雷西亚的壁画，我们在其中看到一位古代隐士注视着从燃烧灌木中升起的天堂之母。如图解般美妙的是他所谓的《以利亚被天使唤醒》[Elijah Waked by an Angel]的作品（现藏于圣约翰福音教堂），这真的是一幅极具诗意的风景画，我们在前景可以看见两个高大的人物，或许会轻易地将其误认为是胜利女神爬上睡着的半人马喀戎背上的景象。在另一阶段他则采用了更纯粹的世俗化面容，如威尼斯慈悲圣母玛利亚教堂中《基督在法利赛人家中》[Christ at the Pharisee's]这样的作品，他预示了保罗·委

罗马尼诺, 特伦托城堡柱廊壁画, 1531—1532, 特伦托城堡藏

罗内塞对相似主题的处理方式, 这是其他艺术家没有做到的。至于莫雷托的肖像画, 我只会提到一幅, 即慕尼黑的《教士》[*Ecclesiastic*], 但那件作品无法轻易地被人超越: 敏锐感知且坦诚表现的特征, 简洁的赋形, 在暗淡柔和的暮灰色中完美和谐的色彩。

　　莫雷托有一位学生莫洛尼 [Moroni], 他是意大利诞生的唯一一位纯粹的肖像画画家。甚至在之后的时代与悲惨的衰落期中, 这个作为艺术之母的国度从没有一个后继者如此缺乏创造力, 如此麻木, 以至于直接被他的典范放弃。他的祭坛画是其师作品可悲的影子或枯萎的复制品, 有一个例外证明了这点, 罗马诺的《最后的晚餐》[*Last Supper*] 通过对某些头像进行如肖像般的处理, 才将这件作品从最愚蠢的庸才手中解救。但是即便范例在前, 莫洛尼几乎还是无法获得他老师作为一名画家最好的优点, 虽然他的某些作品确实难以与莫雷托的区分, 但这一点也仅是在与其老师较不令人满意的成就相比时成立。莫洛尼的色彩比莫雷托更热也更冷, 完全没有后者的诗意光影, 且很少接近他冷峻、庄严的色调。另一方面, 作为一名绘图师, 他几乎不是较差的一位, 英国国家美术馆藏有他的杰作《裁缝》[*Tailor*], 这件作品的形式与动作超过了莫雷托最好的作品。

　　那么我们必须将莫洛尼当作是一位纯粹且单纯的肖像画家, 尽管在此方面他仍不在最优秀的艺术家之列。他老师的杰作, 我们刚刚已经描述过的《教士》不可避免地使人

莫雷托，《教士》，1545，慕尼黑老绘画馆藏

莫洛尼，《裁缝》，1565—1570，英国国家美术馆藏想起委拉斯贵兹。它拥有赋形与风格，且被提升至普遍的联系之中，具有朴素的荣耀。莫洛尼无疑让我们看到了像主应有的样子，他们的姿势，或有其特征，或具有他们希望的样子。但《裁缝》可能是例外，与其说它是人性的典范之作，不如说是一则轶事。他画的这些人物本身太过无趣。他们近似荷兰二流艺术家的作品，而不是提香、委拉斯贵兹和伦勃朗的作品。莫洛尼如果也拥有这样的才华，则会让我们想起弗朗斯·哈尔斯 [Frans Hals]。

二十五

之后的费拉拉艺术家并不比布雷西亚艺术家缺少威尼斯风格，在柯勒乔之前，他们中最有才能的且是唯一一个需要占用我们一些时间讲述的艺术家是多索·多西 [Dosso Dossi]，他能在此占有一席之地完全得益于乔尔乔内与提香。从严格意义上讲，他作为一名人物艺术家都不太值得关注。他的素描作品潦草得令人痛苦，塑形则过分修饰且空洞，但他受天赋眷顾被充分赋予了对光影与色彩诗意效果的感受，他还捕捉到了乔尔乔内某些迷人的魔力。作为一名浪漫的图解者，他几乎没有什么竞争对手。他的绘画就像他的朋友阿里奥斯托的写作风格一样，轻松、色调丰富、有魅力且诙谐。他的绘画没什么内在实质，就像阿里奥斯托的诗歌没有相应的文学特征，但两者作品的神韵都太过华丽、迷人，以至于无法让人冷静地思考。所以我们出神地欣赏多索的《赛丝》[Circes]，全神贯注于它们的咒语，迷失在诱人光线的迷宫之中。他的风景画唤起了青春的清晨时光与让人几乎神秘狂喜的情绪。这些人物传达着激情与神秘。或许无法太长时间或太过频繁地注视他的绘画，但是当你来到它们面前时，在一个迷人时刻，你也会呼吸到仙境的气息。

二十六

追溯柯勒乔艺术的某个源头是容易的。开端是他最早的老师科斯塔与弗朗西亚，之后则在曼图亚受益于曼泰尼亚的作品，除此之外还有他与多索的私人交往，可能也有加洛托。不难看出，威尼斯通过洛托和帕尔马也在他身上施加了咒语。最后是拉斐尔与米

多索·多西,《赛丝》,1520,罗马博尔盖塞美术馆藏

开朗基罗的赋形，无论他了解的途径有多么迂回。但很明显，我们所知的柯勒乔并不是这些从翻滚河流中岔出的各条小溪汇合而成的宜人溪水。毫无疑问，相同的影响蔓延至相同领域的其他人时，却没有产生这样的结果。只有柯勒乔有天赋，提供了一个罕见且相对独立的例子。在佛罗伦萨，有一位米开朗基罗或许是必然的，就像乌尔比诺有拉斐尔，威尼斯有提香，但在艾米利亚这样的小公国，柯勒乔却并非如此。在那样无法令人振奋的环境中，他的出现是一个奇迹。

他所处的时代相较于他的出生地而言没有更大的正当性，因为由气质判断他是一位18世纪法国的子嗣。正如他当时激发出的普世热情证明的那样，正是在那个诱人的时代，他的天赋才能找到最友好的环境，无论是作为一名图解者还是一名装饰者——几乎没有人像他一样更准确地协调这两种艺术元素。

人们越反思被称为18世纪的艺术，就越应该承认它对纯粹女性魅力的敏感这一显著的特点。诚然，希腊人感受到了这样的魅力，并以许多陶制人像将其表现，使我们高兴的是这些作品如今仍留存于世。随后的许多世纪中，女性的魅力仍未被记录下来，直到18世纪仍没有什么改变，除了一缕足够点亮整片天空的光线。那道光线便是柯勒乔。在他的同时代人中，年长于他或比他小的，没有一个将这种魅力表现出来，甚至最接近他的追随者帕尔米贾尼诺都没有做到，后者身上的魅力很快便迷失在优雅之中。乔尔乔内感受到了女性之美，提香则把握住其中的庄严感，拉斐尔感受到高贵的甜美，米开朗基罗则看到了女预言家与达菲尔的可能性，保罗·委罗内塞发现了它的健康与华丽，但他们中没有人并且在彼时或未来的欧洲其他地方也没有任何一位艺术家将其职业生涯奉献给传递女性魅力的事业。

假设对女性魅力的敏感是柯勒乔独特的品质，那么让我们看看它是否给我们提供了解释他作为一名艺术家成功或失败的答案。在处理这个问题之前，为了能够区分他最擅长做什么，较不擅长做什么以及完全不会做什么，我们必须熟知他的优势与缺陷。如果我们将他的长处与短处与同时代的伟大人物进行比较，尤其是与他艺术血统上的表亲拉斐尔相比，我们应该会发现柯勒乔比他们中的任何人，甚至是拉斐尔都更少地展现他对内在实质之坚固的感受。这两位画家在不追求严格且智性形式的画派中开了一个坏头，但后者在适当的时候接受了佛罗伦萨当时可以提供的训练，而前者除了曼泰尼亚更为成熟的作品范例之外，没有受过任何更严苛的教育。另一方面，柯勒乔是更为优秀且敏感的运动大师：他的轮廓线柔和又流畅，只有在 18 世纪最精致的绘画作品中才会出现；在最佳状态时，他画的动作无法超越，像《达娜厄》[Danae] 中放在枕头上的手臂以及丘比特倚靠长椅的腿，或是《丽达》[Leda] 中划过丽达胸腔的天鹅颈，还有布达佩斯的圣母像中放在圣母胸上的圣婴手臂，或《安提俄珀》[Antiope] 中撑在地上的胳膊，都说明了这一点。尽管他很有优势，但他的运动几乎很少像拉斐尔作品中的运动那样重要，他的形式则更逊一筹，就其优点而言，甚至不如它应有的效果。在这两种情况下，缺陷并不是具体的，而是智性的。柯勒乔缺少自我约束和简练。他对运动有着杰出的掌控力，却如浪子般将其挥霍、放纵，有时几乎将它消减为变戏法的伎俩，正如他著名的《圣母升天》[Assumption of the Virgin] 中所示。由此，他实际上违背了人物艺术的目标，即通过传达实质与动作的理想化感受来增强生命功用。为了产生这种效果，呈现人物的清晰度，必须使我们比在现实生活中更容易且更快地理解，并由此产生提升能力的知觉。现在，值得关注的艺术作品中没有一件要比帕尔马主教堂的壁画更不合适实现这一目标。这团由四肢、织物与云朵组成的混乱团块并没有使我们的感知能力变活跃，我们费力地从中窥探，以发现形式与运动，这给我们带来了如现实中类似景象一样多的麻烦，以及由此产生的一样的生命力消减。事实上，它几乎不比那些现代圆舞曲更出众，交错旋转人物构造的变幻群像没有给观众疲倦的双眼留下任何可以停留的地方。维也纳的《伽倪墨得斯》[Ganymede] 说明了他在简练而非特殊才能方面有多么失败。随着《圣母升天》中的一个人物在山顶上漂浮，眼睛以亲切的快乐凝视着它，但它仅是其下三角拱中的一个变形人物。虽然这是整部作品中最不混乱的一部分，所处的位置相对得当，但这个男孩的形象还是需要单独来看——且只有单独地看——才能成为一个富有想象力的赋形杰作。如果观者意识到许多这样孤立出来的形象也很成功，那么柯勒乔的鲁莽和非凡的奢华或许会受到赞赏。

呈现这个运动的关键能力说明了柯勒乔明显的缺陷，他的装腔作势和令人紧张的不安，和之后使其祭坛画蒙羞的表演者姿态如出一辙。每个人都必须在做什么，即使是最不重要的，无论是作为图解还是装饰，当然，这样的天赋最终确实会曲解图案以满足他老师的激情。帕尔马的《圣母与圣杰罗姆》[Madonna with St.Jerome] 中的顽皮男孩就是很好的例子，他在闻莫德林油膏瓶时做着鬼脸！我们或许可以更进一步，把柯勒乔对所有静态事物的厌恶归于同一个原因，这几乎相当于是说对一切具有纪念碑性事物的厌恶。

安东尼奥·柯勒乔,《诱拐伽
倪墨得斯》,1520—1540,维
也纳艺术史博物馆藏

安东尼奥·柯勒乔，《维纳斯、墨丘利与丘比特》，1527，英国国家美术馆藏

安东尼奥·柯勒乔，《朱庇特与安提俄珀》，1524—1527，罗浮宫藏

安东尼奥·柯勒乔,《圣母升天》,1526—1530,帕尔马主教堂藏

受制于他所处时代的艺术传统，他不得不在祭坛画的建筑环境中尝试纪念碑性，他创造或至少预示了巴洛克风格。如果完全由他自己决定的话，他或许会立刻投身进洛可可风格之中，或许会像日本艺术家一样从所有构筑性事物中自我解放。

这样的一位艺术家明显不可能是任何显著意义上的空间建构者，确实在这方面柯勒乔的名字不会再与拉斐尔相提并论。除了与空间不相容的奢华与不安之外，柯勒乔又添加了他那个时代最糟糕的偏好之一，尽可能地把最大的人物塞进一个既定空间之中——看看他在帕尔马的《福音传道者圣约翰》[St. John the Evangelist]，这样优秀的创作却没有给高贵的头像任何空间！

另一方面，他在风景画上超越了拉斐尔，正如他必然会做的一样，掌控着虚构光线的大部分可能性。因为他或许是光影领域最伟大的意大利大师。以莱昂纳多为首的一些人用光影确定形式，其他人如乔尔乔内，捕捉到了光的魅力并复制其魔力。但是柯勒乔纯粹出于对光本身的热爱。他的热爱也得到了回报，因为光永远都听从他的指令；光除了使其能够对人物形象进行处理之外，光还使他在对室外光影的处理上超越了所有同代人。克雷斯皮绅士藏的《基督诞生》[Nativity]与班森藏的《离别》[Parting]表明，他在表现晨昏暮晓的神秘、安静与黄昏的凉爽时不逊色于任何一位艺术家；我们也可以在德累斯顿的《圣夜》[Night]中看到，他对交汇光线的理解没有任何人可以赶超；就像我们在他大多数神话作品以及帕尔马的《圣母与圣杰罗姆》中发现的那样，他画中辽阔日光的效果超越了他们所有人，后者的正确别名是《日》[Day]。那是我唯一知道的一幅能完美地将连绵曲折的距离和纯粹的光之海洋均匀分布的画作，因穿过薄雾的微光而充满活力，构成了最为庄严的自然启示，即意大利广袤土地上的正午时分。

同样是在人物中，柯勒乔对光影的掌控，画中阴影的微妙清爽与透亮，发现了新的美丽源泉。他不仅属于一流艺术家——这只不过是与艺术毫无关联的优先级问题——而且还是尝试绘制人类皮肤表面最好的艺术家之一。马萨乔赤土色脸庞的人物要比柯勒乔的更好，因为相较于最令人钦佩的外观处理，传递令人精神振奋的内部实质感受更具生命力。柯勒乔画的肌肤也有其意义，如《安提俄珀》中珍珠般的光泽与和煦的彩虹色肌肤便是生动而精致的愉悦之源。如果不注意《达娜厄》的所有方面，就无法获得这样的至高成就，从中我们看到感觉的颤动掠过裸体，有如拂过宁静水面的微风。柯勒乔对光的掌控解释了他的色彩。光是斑斓色彩与出跳色彩的敌人，在它被控制的地方，它会尽

安东尼奥·柯勒乔，《圣夜》，1522—1530，德累斯顿历代大师画廊藏

力将色调溶解为单色效果。因此，真正的光线大师从不会是漂亮的与吸引人的，尽管出于相同的原因，他们都是伟大的色彩大师。然而，有人会因为这个原因而毫不犹豫地将柯勒乔的排名置于拉斐尔之上，一定也会有人将其置于提香之下的。他作品的表面太有光泽，太油腻，无法带来将彩色作为素材的错觉。

知晓了柯勒乔的天赋与短处，我将继续研究他的作品，来发现他罕有的成功及频繁失败的原因。我一度认为后者主要是因其挥霍引发的，但我无法解释在他的祭坛画作品和其他神圣题材作品中获得的细微愉悦感，其中纪念碑式的构图相对简单的布置，几乎没有空间挥霍。随后我突然想到这些主题太过束缚运动热情：这的确是事实，尽管这点无法解释柯勒乔所有的失败。我认为在神话与类似主题中文艺复兴画家能够从与对其艺术怀有敌意传统的难堪束缚中自我解放，并在希腊艺术的自由中欢庆，也正是在这样的主题中柯勒乔可能会被证实是成功的。尽管这个解释几乎是令人满意的，但结果同样不够全面，我最终被迫得出的结论是，在这些作品之中，仅在那极少数女性裸体占主体位置且在裸体外观展现全部女性魅力的作品之中，他的夸张手法、紧张感与不安感才会完全消失，只留下他更好的特质，在最悦耳的和声中，唱出了很少比人类感受还甜美的和谐。随后我便理解了为何他的神圣题材作品无法令人满意，因为他对男性人物没有太大的兴趣，至于女性人物，女性的魅力，混合了宗教动机施与的表情，所导致的不真诚如果还未成为被我们称作是耶稣会主义的具体呈现的话，则是非常正确的，因为基督徒常常利用人性的弱点，并以感官享受与信仰的缔结而告终。我同样理解了为何人们不断返回到《达娜厄》《丽达》《安提俄珀》与《伊俄》，将其当作是柯勒乔仅有的完美之作，我意识到他们之所以完美是因为在这些作品中，他尽情挥洒天赋，没有受到任何障碍与束缚。与此同时，他所有的能力也被提升至最大功用。它们是女性魅力的赞美诗，这种魅力在基督教欧洲之前或之后从未被人知晓。因为18世纪以其对相同特质的所有感受要么无法产生以这般辉煌之美表现它的天赋，要么把它禁锢在太过漂亮与琐碎的类型中。柯勒乔是幸运的，鉴于那个时代的形式，即艺术的字母表中还能拼写出伟大的事物。

然而，如果我们不将柯勒乔置于拉斐尔与米开朗基罗、乔尔乔内与提香身边，不仅仅是因为在这个或那个方面某个具体的艺术原因他逊色于他们。他较逊色的原因在其他方面，在所有最高价值事物的本质中，凭此无论是在艺术还是生活中每个事物都必须接受考验。他太过感性，并因此受到限制，而最高的人性价值源自感觉与智性的完美和谐，

安东尼奥·柯勒乔,《伊俄》,
1531—1532,维也纳艺术
史博物馆藏

安东尼奥·柯勒乔，《达娜厄》，1530，罗马博尔盖塞美术馆藏

自最高贵的古希腊时代以来，这样的和谐便再也没有完美地出现过，甚至在乔尔乔内与拉斐尔身上都没有。

二十七

我的故事已经讲完。它过于简短，因而无须概括，我仅会就帕尔米贾尼诺补充几句，他是意大利北部最后一位真正意义上的文艺复兴艺术家。他对优雅的追求太过具有压倒性，以至于无法满足柯勒乔感性的女性气质。但他又是以这般真诚与热忱去接近这样的优雅的，以至他获得了属于自己的真实品质，哪怕渺小甚微，那也是一种精致的优雅，一种脆弱的特质，在转瞬即逝的时刻也能令人愉悦。

安东尼奥·柯勒乔,《丽达与天鹅》,约 1532 年,柏林国立画廊藏

这个时期的意大利北部没有其他画家值得在此处哪怕一笔带过地提及,除非它是坎皮画派 [the Campi],精致且优雅的折中主义者,他们在桑西诺旁边的一个教堂中留下了整个文艺复兴时期最为精致的装饰设计之一——算是他们最好的作品,还有萨比奥内塔一个现已荒废的夏宫中精致的神话题材的壁画。

艺术的衰退

在这几本小册子中，我意图概述尤其是在绘画中显现的那些艺术的理论，特别是人物艺术的理论。我选择意大利的诸多案例，不仅仅是因为我碰巧对意大利艺术尤为熟悉，还因为意大利是唯一一个经历了人物艺术所有发展阶段的国度，从愚笨到崇高、从低级的野蛮状态到智性之美的最高层次，随后退回到的状态其本质的野蛮仅被一个更伟大时代暗淡且褴褛的衣饰所掩盖。我已经说明了是什么塑造了视觉艺术，或者更为准确地说人物艺术；为了检验这条理论，我们必须看看它是否解释了是什么使它们回归原点的。

重申这条理论不会有什么差错，简短来说是这样的。所有的艺术都是由理想化的感觉组合而成，无论它通过何种媒介表现，只要它们是以直接产生生命提升效果的方式进行传递的。那么问题便是，在一种既定的艺术中，是什么促成了生命的提升。每种艺术因其媒介以及构成素材的理想化感受的种类而有所不同。在人物绘画中，也是所有绘画中的这种类型中，我已经尽力陈述了提升生命力若非唯一但也是最主要的来源，即**触觉值、运动与空间构图**，我指的是对联系、质料、重量、支撑、能量以及与环境相和谐的理想化感受。如果这些来源中任何一个失效，这门艺术中许多特质就会由此减少。如果其中有一些失效了，这门艺术或许最多像阿拉伯风格一般幸存。如果所有来源都已干涸，艺术便会灭亡。然而，还有一个源头尽管对于人物艺术而言不是那么至关重要，但仍应该得到比我已经给予的更多的关注。我指的是**色彩**。讨论过色彩的《威尼斯画家》是在十五年前写下的，之后我才获得现在探索事物意义与价值的构想。某天我或许能够弥补这个不足，但此处既不是处理它的场合，也非强行论述它的恰当时机。因为在区分一张大师画作与一块波斯毛毯的所有元素中，色彩相较而言没有那么关键，且同样在艺术毁灭中也是一个不那么重要的因素。

为了避免使用陈词滥调，我常常将含糊客观的术语"形式"[Form]换成主观的术语"触觉值"。要么指的是提升生命力时所有更为静态的来源，如体积、容量、内部实质与质料。能量的各种传递方式——当然，在呈现静止和行动时都是有效的——则指的是"运动"。

清楚的是，如果绘画艺术的最高境界在于对形式、运动及空间的完美处理，那么绘画在它还能够保持这个状态且绝不让步的时候是不可能衰退的。但相较其他民族，我们欧洲人更多地被视作无法停滞不前。一旦到达了山顶，我们的停留只为喘口气，且几乎

马塞洛·韦努斯蒂，《最后的审判》（细节），16 世纪 60 年代，那不勒斯卡波迪蒙特博物馆藏

不会看向脚下蔓延开的土地王国，我们向前疾驰，很少知晓去向哪里，直到我们偶然发现自己身下的沼泽与泥泞。相较于结果，我们更在意自己功能的运转，也因此更在意动作而非沉思。在我们民族最具天赋的那些人当中，我们功能的运转如果有的话也很少会和已经取得的成就打交道，而是疯狂地追求新事物。那么我们便会更关心自己个性的坚持，而不是完美。在我们内心深处，相较于好的与美的事物，我们本能地更喜爱自己的与新的事物。因此我们永远在变化，相较于埃及或中国的艺术而言，我们的艺术周期持

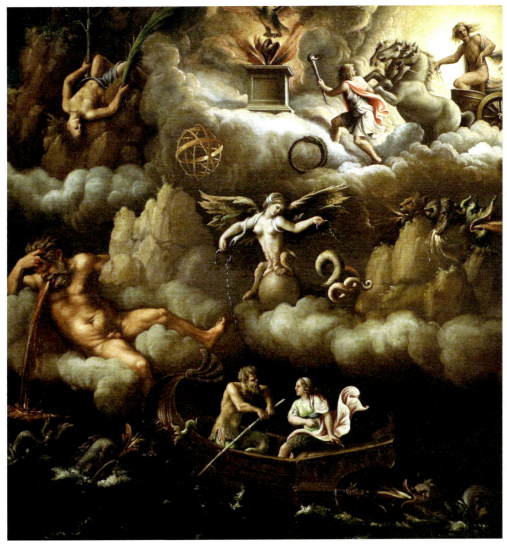

朱里奥·罗马诺，《不朽的寓言》，1540，底特律艺术馆藏

续时间短，最长不会超过三个世纪。而我们的天赋常常是毁灭性与建设性并存的。

　　实用主义者的偏见误导我们思忖天才的真正本质，我们几乎不约而同地将天才这个词限制在极为有益的人类力量之中。我们以此定义天才，自然无法在衰退时期发现它，便惘然出神地疑惑于未产生天才的时间将会过去多久。现在虽然人类的农作物产量每代之间会存在巨大差异，但是似乎没有理由假设这些差异足够大到排斥天才——除非确实发生了如 4 世纪到 5 世纪地中海地区出现的某种真实的种族衰退。甚至在那些羞辱性的时期，当古代世界干瘪的母羊变得越来越麻木，只留有残存的力气以维持身体与灵魂的结合的时候，天才都不会完全灭绝，尽管会降低至更为卑贱的工作，如军旅、管理、说服和劝诫。但是意大利在拉斐尔、米开朗基罗、柯勒乔、提香与委罗内塞之后绝无可能陷入这般困境。这个民族不仅保持着活力而且不断扩张，仅通过无数自封的使者，才刚刚开始对欧洲文化施加最充分的影响。它在其他领域展示了丰富的天才，甚至是在艺术中，如果我们考虑到音乐的话，如果它没有诞生出具有人物绘画最高天资的音乐家，那就太奇怪了。

然而，如果我们将天才定义为对训练作出富有成效的反应能力，那么我们便不会被迫否认在其他方面健康且辉煌的所有时代的所有职业中它都存在。我们将学会一视同仁地对待它带来的毁灭与建设，我们将解释它的自信，理解它所激发的本能同情与模仿，甚至当其影响似乎是最有害的时候。

想象一下追随米开朗基罗、拉斐尔与柯勒乔的艺术家们，他们本可以像反抗这三人的老师吉兰达约、蒂莫泰奥·维蒂和科斯塔一样有效地反抗他们。当你在脑海中想到他们中的每一位在离世之前都带来了一种特殊的手法主义——米开朗基罗活得足够久，可以稍带困难地与马塞洛·韦努斯蒂 [Marcello Venusti] 相区分，或许仅是那比预期要早的死亡拯救了拉斐尔，使他免于成为一个不那么野蛮的朱里奥·罗马诺——设想一位带有佛罗伦萨画家狂怒并接续前辈的天才并不困难，他通过已接纳的形式模具挥动锤子，完成的作品更接近于库尔贝与马奈而不是他们遥远的先驱梅里西·卡拉瓦乔；另外一位则有着翁布里亚画家的甜美与空间，他或许可以成为一位更令人钦佩的多梅尼基诺 [Domenichino]；第三位则有着柯勒乔处理女性气质的天赋，他或许可以结合弗拉戈纳尔 [Fragonard]、纳迪埃 [Nattier] 与布歇 [Boucher] 最好的元素。他们中的每一个都会一直是名人，并从历史上来看是令人感兴趣的，但除了不可否认的天才之外，他们没有人会在艺术宫殿最为神圣的选区占有一席之地。

因此在接续古典大师的手法主义者与折中主义者、现实主义者与暗色调绘画画家中最具活力的人展现出相对衰退的反应力最有可能不是仅仅因为缺乏能量，而是因为他们的能量被误导、分散或错误使用了。卡拉奇 [Caracci] 与圭多·雷尼、多梅尼基诺与卡拉瓦乔清楚呈现的纯粹天赋，在人物艺术处于上升的曲线时不太可能让他们获得西尼奥雷利与佩鲁吉诺、平图里乔与乌切洛的地位。

朱里奥·罗马诺，得特厅南墙，1526—1528，曼图亚泰宫藏

　　但他们时代的衰退是不可避免的。艺术形式就像一个滚动的平台，极大地推动了在自身方向上的前进，实际上同时阻碍了其他任何进程中的发展。在古代艺术阶段，正如我在最后一卷较早章节中定义的一样，没有任何一位有天赋的艺术家能够偏航太远，因为古代艺术的灵感明显受实现形式与运动的目的激发。艺术家或许无法完全实现它们，他确实无法在合理的组合中将其实现，因为如果这样做了他便已是古典的了。他也会将任何一种趋向扩大至漫画式的极端，正如不太有天赋的古代艺术家常常会做的那样。但通过他对形式或运动或两者的呈现，他必定在一定程度上提升了生命力，因为古代艺术家必需关注提升生命力的这些本质元素。

　　由于成功地争取到了形式及运动，外形诞生了，类型被创造出来，姿态固定了，所有形式都被提升至最高力量，所采用的赋形则以其卓越的精确度将人们的注意力从塑造它们的方式上引开，并令人钦佩地将注意力集中于所获得的结果上。那么效果便容易与成因混淆，且对形式与运动的征服所产生的类型、外形、姿态与布局，会被当作美唯一可能的模具而被奉为神圣。

阿尼巴尔·卡拉奇，《有圣弗朗西斯和抹大拉的玛利亚的哀悼基督》，1602 或 1607，罗浮宫藏

天才容易察觉到新的目标，而现在进步的提速不仅因为无论面对什么都能坚持己见，以及无论在什么情况下都能有所改变的本能渴望，还因为讨人欢喜的流行之风。因为民众在感官上是情绪化的，且枯燥的古代风格，对他们无话可说。而在一门已经到达顶峰且成为经典的艺术当中，正如我在本卷较早章节定义漂亮时努力阐释的，某些元素一成不变地浮于表面，除了吸引民众的心灵并将其冲动美化之外，这表面还成了可爱的乐趣之一，消耗最少的理性感受获得了最大程度的情感表现。

但古典艺术偶然产出这些事物却从未以其为目标，太过柔和地与情感交流，表现太过沉默，美得太过严肃，以至于无法使民众满意。因此，他们鼓掌欢迎自我肯定与改变的纯粹本能激发更年轻艺术家所做出的每一次尝试。这是因为古典艺术发生的每一个变化必然通过图式与衰减导致显而易见之物的产生。一旦目标被错当作为方式，第一位聪明的年轻人便会想到通过将脸部的椭圆形从最初产生它的典范中解放，他会挑选出所有使其吸引人的事物，并纯粹地展现其吸引力。因此他获得了椭圆形的漂亮，且为了使其更有趣，新画派的艺术家不会犹豫太久，强调并促进其表现的。他也不会止步于此，而会以同样的方式采取行动，并且继续忽视其价值来源，即运动的简单过程，而且还会强调由此产生的轮廓线，直到它们同样变为精确且完全是再现的图画文字。到目前为止，他会在艺术—反应这一滚动平台上再前进一步，并试图将这些图画文字组合在一起，当然不是在基于形式与运动需求的赋形中，而是在最明显的漂亮且动人的布局中。直到那个时候，无论他所称赞的进步——这真的已不再仅是盲目的能量了——将其不加现实地带到了何处，他都会除去形式与运动，他会将艺术抛之门外，艺术则不会再像自然一样从窗外回来。

在艺术领域中，正如在所有精神领域一样，十年是一代人所能达到的极限。新的一代人艰难地跟在老人身后。它改变与自我肯定的本能已远不一样，本质上是相反的。后起之秀冷静地看待最临近的前辈所取得的成就，以一种模糊但极度不满的感受结束。他们无法述说到底出了什么错，因为他们的老师不像那些古代画派，没有将其注意力导向形式与运动，并且他们自己在纯粹的再现与执行中提升的能力与愉悦感没有帮助到他们，而是将其引入歧途。他们感受到了返回古典的探索需求，但一方面他们很少有精力完全摆脱仍然掌权的权威统治，另外一方面他们遗失了钥匙，忘记了语法，且不知道他们应该回到古典艺术的何物之中。有人认为是色彩或明暗法，有人认为是外形，有人认为是

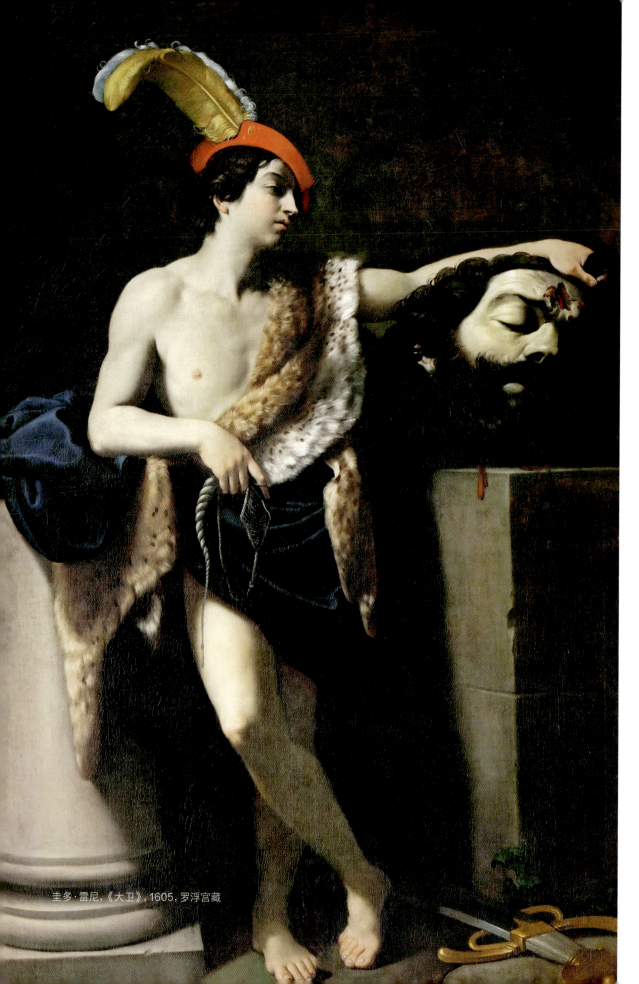

圭多·雷尼，《大卫》，1605，罗浮宫藏

姿态，还有人认为是内容或对称布局。最后比其他人有能力的人必然会也确实站了出来，他说服了自己和他人，认为通过将所有这些元素组合，伟大的艺术便会回归。

因此，手法主义者蒂巴尔迪 [Tibaldi]、祖卡罗 [Zuccaro]、方塔纳 [Fontana] 快速地让位于折中主义者卡拉奇兄弟、圭多与多梅尼基诺。尽管细数很多画家有着无可争辩的天赋，且有一部分在更为有利的环境中或许可以变得伟大，但作为一个画派，后者与前者一样毫无价值，他们了解的都一样少，即艺术仅会以形式与运动回归，且如果没有它们，艺术仅是图案。再多的重新布局也不会注入生命。只有在艺术家认识到进化过程中产生的类型、外形、姿态与布局像用过的子弹一般已不能重复使用时，活力才会重现，且重生的唯一希望在于能力的消失，那种能力本质上是由传统的视觉化与生搬硬套产生的奴役习惯。那么艺术家会通过观察对象的物质意义，而不是如卡拉瓦乔这样的现实主义者所关注的他们业已完成的方面，来再次获得触觉值与运动。这在意大利还没有发生，结果便是尽管在过去的三个半世纪中，意大利诞生了成千上万名聪慧甚至令人愉悦的画家，却未能诞生一位伟大的艺术家。

多梅尼基诺,《托比亚斯抓住鱼的风景》
1610 或 1613,英国国家美术馆藏

多梅尼基诺,《福音传道者圣约翰》,
1624—1629, 英国国家美术馆藏

拉维尼娅·方塔纳，《康斯坦萨·阿里多西肖像》，
约 1595 年，国际女性艺术博物馆藏

拉维尼娅·方塔纳，《比安卡·露西娅·阿里普兰迪肖像》，
1602，私人藏

图书在版编目（CIP）数据

文艺复兴的意大利. 威尼斯及北部画家 / （美）伯纳
德·贝伦森著；李骁译. —— 上海：上海书画出版社，
2023.3
（贝伦森艺术史）
ISBN 978-7-5479-3044-1
Ⅰ.①文… Ⅱ.①伯… ②李… Ⅲ.①画家 – 列传 –
意大利 – 中世纪 Ⅳ.①K835.465.72

中国国家版本馆CIP数据核字(2023)第078042号

文艺复兴的意大利：威尼斯及北部画家

（美）伯纳德·贝伦森 著 李骁 译

责任编辑	黄坤峰 吕 尘
审 读	雍 琦
校 对	郭晓霞 田程雨
整体设计	云水文化 项梦怡
封面设计	刘昊星 陈绿竞
技术编辑	包赛明

出版发行	上海世纪出版集团 上海书画出版社
地 址	上海市闵行区号景路159弄A座4楼
邮政编码	201101
网 址	www.shshuhua.com
E-mail	shuhua@shshuhua.com
印 刷	浙江海虹彩色印务有限公司
经 销	各地新华书店
开 本	787×1092 1/16
印 张	14.25
版 次	2025年1月第1版 2025年1月第1次印刷

书 号	ISBN 978-7-5479-3044-1
定 价	120.00元

若有印刷、装订质量问题，请与承印厂联系